O^3
29
A

O 1536.
~~E2 b.~~

Ⓒ
à conserver

VOYAGES
AU
SÉNÉGAL.

RELATIONS
DE PLUSIEURS
VOYAGES
A LA COTE D'AFRIQUE, A MAROC, AU SÉNÉGAL, A GORÉE, A GALAM, &c.

Avec des détails intéressans pour ceux qui se destinent à la Traite des Negres, de l'Or, de l'Ivoire, &c.

TIRÉES DES JOURNAUX

DE M. SAUGNIER,

Qui a été long-temps Esclave des Maures & de l'Empereur de Maroc.

A PARIS,

Et se trouve A MAESTRICHT,

Chez J. P. ROUX & COMPAGNIE, Imprimeurs-Libraires, associés.

1792.

AVANT-PROPOS.

La plus exacte vérité regne dans les relations que l'on va lire. On n'y trouvera point de ces fictions, amusantes à la vérité, mais qui n'instruisent que fort peu ou fort mal le lecteur. L'auteur n'étoit pas assez familier avec les sciences & les arts, & n'avoit pas assez de temps à donner à sa curiosité & à son plaisir, pour profiter de toutes les circonstances où il auroit pu nous enrichir de nouvelles découvertes. La géographie seule y a un peu gagné, par les détails certains que ce voyageur nous donne du cours du Niger, & des côtes septentrionales de l'Afrique, pays presqu'entiérement inconnus jusqu'à lui.

Malgré les maux inouis que ce brave homme a soufferts dans ses différentes courses, il est toujours dévoré du desir de retourner dans l'intérieur de l'Afrique pour y faire des découvertes qu'il croit devoir être fort utiles au commerce & à l'histoire naturelle. Depuis son retour, il a employé tous ses momens à acquérir des connoissances géographiques, botaniques, astronomiques, &c. dans l'espoir de faire encore une fois un voyage dans des pays où il a éprouvé tant de malheurs; mais où cependant, il brûle de retourner, & comme sa fortune ne lui permet pas de l'entreprendre à ses frais, il prend la liberté d'adresser au Gouvernement les réflexions suivantes.

Le goût des découvertes dans tous les genres, est la marque caractéristique des siecles éclairés. Une des connoissances les plus utiles à acquérir, c'est, sans contredit, celle du globe que nous habitons; c'est peut-être la seule que nous puissions espérer de porter un jour à sa perfection; car elle ne consiste qu'en choses positives, & malgré la multitude de ces choses, le nombre en est pourtant limité.

Il y a telle partie de l'Europe moins connue de nos savans, que telle autre partie de l'Asie ou de l'Amérique. Quand à l'Afrique, qui est si peu éloignée de nous, nous en entendons parler depuis notre enfance, & ses côtes nous sont à peine connues.

Les difficultés de parvenir dans quelques parties de son intérieur, n'ont pas rebuté les efforts & le zele de quelques voyageurs. MM. *Sparmann*, *Gordon*, *Paterson*, *Levaillant*, *Masson*, *Bruce* & quelques autres ont déja donné, & donneront encore à l'Europe étonnée de leur courage, de nouvelles connoissances sur des peuples qu'on avoit, jusqu'à eux, soupçonné de cruauté, & qui sont peut-être les plus doux de l'univers. Mais ces connoissances ne s'étendent que sur les Cafres, les Hottentots & les Abyssins, & leurs domaines ne sont qu'une très-petite portion des immenses contrées de l'Afrique.

Toute la partie intérieure que l'on voit remplie sur les cartes par le mot vague de désert, ou par des noms de prétendues nations qui n'ont probablement jamais existé, mérite peut-être autant que le reste, l'honneur d'être visitée par des Européens observateurs.

Le gouvernement françois pourroit aujourd'hui, avec fort peu de dépense, faire exécuter un des plus grands voyages qui aient été entrepris par terre.

Voici les obstacles à vaincre pour réussir dans cette entreprise.

1º. L'insalubrité du climat.

2º. Le caractere prétendu féroce des habitans.

3º. L'ignorance de la langue arabe.

4º. Les fatigues épouvantables d'un pareil voyage.

5º. Les difficultés de transporter les différens instrumens absolument nécessaires pour faire des observations utiles.

6º. La cumulation sur une ou sur deux têtes, des diverses connoissances sans lesquelles ce voyage seroit presqu'inutile.

7º. Les frais indispensables.

Si l'auteur du voyage que l'on va lire, étoit choisi pour exécuter le voyage qu'il propose, les quatre premiers obstacles seroient levés pour lui ; car 1°. il a prouvé qu'il pouvoit se faire au climat, ayant été esclave dans le désert & s'en étant bien tiré. 2°. Il est fait aux mœurs & aux coutumes de ces peuples, qui, loin d'être féroces, sont les meilleurs gens du monde, quand on sait se conformer à leur genre de vie. De plus ayant été esclave de l'empereur de Maroc, il a acquis un caractere sacré pour les nombreuses peuplades qui reconnoissent de loin, comme de près, la suzeraineté de ce souverain. Il connoît personnellement l'empereur maintenant sur le trône, & le *Sirik* ou *Grand saint* dont le pouvoir spirituel s'étend indistinctement sur tous les Mahométans du désert, qui ont pour sa sainteté un respect & une déférence sans bornes. Des recommandations de ces deux grands personnages, qu'il est sûr d'obtenir d'eux, assureroient sa personne & la rendroient sacrée depuis Mogodor jusqu'en Egypte. 3°. Pendant son esclavage & son séjour en Afrique, le sieur Saugnier a appris assez d'arabe pour le parler couramment. 4°. Il a traversé à pied, toute la partie du désert comprise depuis le Niger jusqu'au cap de Nun, & depuis ce temps il n'a jamais été ni à cheval ni en voiture, par goût autant que par économie. Les fatigues, de quelque genre qu'elles soient, ne peuvent donc l'effrayer.

Le cinquieme obstacle ne seroit pas extrêmement difficile à lever dans un pays où il y a autant de chameaux que d'habitans. Ainsi le petit nombre d'instrumens indispensables pour prendre hauteur & pour lever la carte, se pourroient aisément transporter à l'aide de ces animaux.

Pour peu qu'on veuille n'être pas bien difficile sur le sixieme article, le sieur Saugnier se flatte de pouvoir répondre à la confiance que l'on voudroit bien prendre en lui. Destiné d'abord à l'état ecclésiastique, il a fait d'assez bonnes études, & depuis son retour ayant beaucoup étudié ce qui pourroit lui être utile dans un tel voyage, il seroit en état de faire de bonnes observations dans presque toutes les parties essentielles au voyageur.

Le dernier article ne doit pas effrayer; car la dépense est presque nulle dans un pays où on est presque nud; & où l'on ne peut voyager que par caravanes, avec des gens qui n'ont pas même l'idée du luxe, & à qui il ne faut que très-peu de nécessaire. Trente mille livres, tout au plus, suffiroient pour ce voyage d'environ quatre ans, & que le sieur Saugnier entreprendroit avec un ami aussi fait que lui à la fatigue, ayant été son compagnon d'esclavage. L'unique récompense qu'il demanderoit, seroit d'obtenir une pension de mille écus, s'il avoit le bonheur de revenir d'un voyage si dangereux.

Le voyage proposé est d'aller à Maroc, de s'y munir des recommandations nécessaires; de se rendre ensuite au Sénégal, & de-là à Tombut, en remontant le Niger. De cette ville, le sieur Saugnier pourroit exécuter, l'un ou l'autre de deux voyages qui n'ont jamais été tentés par des Européens, & qui procureroient des connoissances abfolument nouvelles fur des peuples dont on ignore jufqu'à l'exiftence. Le premier de ces voyages feroit de fe rendre de Tombut en Abyffinie, foit en parcourant le Biledulgerid, foit en conftatant les fources du Niger, ainfi que le chevalier Brice a conftaté celles du Nil; & le fecond feroit d'aller de Tombut à la côte de Mofambique, après avoir traverfé tout le cœur de l'Afrique. Peut-être feroit-il poffible d'établir une branche de commerce, depuis cette côte jufqu'au Sénégal, & de faire des profits immenfes dans ces vaftes contrées, où l'or eft la plus abondante des productions de la terre.

PREMIER VOYAGE AU SÉNÉGAL.

Le desir de me rappeller mes infortunes & les diverses positions dans lesquelles les circonstances de la vie m'ont entraîné; les sollicitations de plusieurs de mes amis qui, ayant pris part à ma misere, desiroient connoître plus particulierement les coutumes des peuples chez lesquels j'ai vécu, m'ont fait prendre le parti de dresser le mémoire des événemens de ma vie. Il ne sera point difficile de juger de l'impossibilité où je suis de remplir entiérement les vues & l'attente de ceux qui liront cet ouvrage, s'ils daignent faire attention qu'il faut au moins plusieurs années de séjour & d'étude chez un peuple pour en connoître toutes les coutumes. Esclave dans un pays, voyageur intéressé au commerce dans un autre, je n'y restai que peu de temps, manquant absolument de tout ce qui est nécessaire pour y faire des observations justes. Je ne parle donc que de ce que j'ai vu & fait, sans assurer que les coutumes soient générales dans tous les cantons. Si je n'ai pas l'avantage de remplir l'attente de ceux qui liront ce mémoire, au moins ai-je la certitude de n'avancer

A

rien que de vrai, malgré le témoignage de quelques écrivains célebres qui ont traité du Sénégal & lieux voisins, dont ils donnent des notions fausses, sans doute parce qu'ils ne furent point à portée de parcourir eux-mêmes le pays.

J'avois vingt & un an lorsque j'eus fini mes études ; sans goût pour l'état ecclésiastique, je me trouvois on ne peut pas plus embarrassé du parti que j'aurois à prendre. Ce fut dans ce temps que mes parens s'efforcerent de former l'établissement d'un de mes freres qui acheta un fond d'épicerie à très-bon compte. Je fus chez lui moyennant ma pension : j'y travaillai beaucoup ; & après un an d'apprentissage, je me vis en état de gagner des appointemens chez d'autres marchands de Paris. Je passai sept ans dans diverses maisons.

Sans fortune pour m'établir, mes parens ayant été dupes de leur facilité pour mon frere qui n'avoit point réussi dans son commerce ; réduit, ou à prendre l'état ecclésiastique, ou à rester long-temps dans les boutiques, je formai la résolution de tenter la fortune dans les colonies, sitôt qu'il s'en présenteroit une occasion favorable. Elle ne tarda point à s'offrir ; & je trouvai bientôt deux freres du même pays que moi, qui avoient formé le projet de s'établir au Sénégal.

La maniere dont ils m'annonçoient leurs desseins, la belle idée qu'ils se formoient du pays le plus détestable de la terre, qu'ils ne connoissoient que sur les fausses notions de MM. Adanson & Dumanet, le peu d'espérance que j'avois de former un établissement proportionné au rang que tient ma famille, l'amour de la nouveauté, l'espoir flatteur d'une fortune brillante & rapide, le peu d'expérience que j'avois, le déplaisir de mon état, tout concourut à me faire entrer dans leurs vues.

J'avois besoin d'argent pour le voyage. Faire connoître mes intentions à mes parens, c'eût été le plus sûr moyen de ne rien obtenir d'eux; je dissimulai donc, & marchandai un fond d'épicerie. Ma famille crut la chose certaine, elle m'avança les premiers fonds nécessaires à ma prétendue entreprise. Ce furent les seuls deniers que je pus obtenir. On m'avoit promis davantage; mais un de mes freres, prêtre de la communauté de St. Médard, mon ennemi secret, parce que je ne voulois pas lui porter le respect, disoit-il, que sa qualité de prêtre lui donnoit droit d'exiger, découvrit une partie de mes desseins. Il instruisit mes parens; en croyant me nuire, il me rendit service, car on me refusa ce qui d'abord m'avoit été promis pour mon établissement.

Malgré un contre-temps si nuisible à nos espérances, mes deux compatriotes m'exciterent ardemment à suivre le même projet. Ils étoient sans fortune, & avoient besoin de fonds pour les premiers frais du voyage; ils savoient que j'étois instruit du commerce des drogues, de l'épicerie & de la distillation; ils espéroient que mes connoissances suppléeroient au vuide que le peu d'argent que j'avois mettoit à nos desseins. Ces messieurs se nommoient Floquet: ils étoient fils d'un taneur de Wailly en Picardie; ils moururent tous deux au Sénégal.

M. le marquis de Beccaria, de famille suisse, sous-capitaine du bataillon d'Afrique, étoit à Nantes pour s'embarquer sur le navire la Catherine, qui appartenoit à M. Aubry de la Fosse, chef d'une maison de commerce au Sénégal. Cet officier traita verbalement de notre passage avec M. Aubry; il convint de 300 liv. pour chacun de nous; & lorsque le navire fut prêt, nous partîmes pour Nantes. A peines arrivés, l'aîné de mes compagnons de voyage se rendit chez M. Aubry. Ce négociant vit bien que nous étions dans l'intention de nous fixer au Sénégal. Il craignit une concurrence nuisible à sa maison dans la colonie, ce qui l'engagea à demander mille francs pour le passage de chacun de nous, sans nous permettre d'embarquer rien autre chose que nos malles.

Des conditions aussi dures & si peu attendues, nous firent changer de marche. Nous restâmes environ quinze jours à Nantes, sans savoir à quoi nous déterminer. Ayant appris enfin que l'on faisoit souvent à Bordeaux des armemens pour le Sénégal, nous nous y rendîmes dans l'espoir d'être traités plus favorablement. Notre route se fit à pied, servant d'escorte à nos voitures chargées de nos marchandises & de nos malles. Nous les embarquâmes à la Rochelle, sur la gabarre du capitaine Perronnet de Bordeaux, & continuâmes notre route par terre. Sans expérience sur les dangers de la mer, nous n'eûmes point la précaution de faire assurer nos effets. Nous passâmes à Bordeaux trois semaines dans les plus vives inquiétudes. Enfin le tout arriva à notre grande satisfaction, car nous n'avions point d'habits de rechange, & notre argent se trouvoit à sa fin. Le lendemain nous allâmes à la bourse pour nous présenter aux négocians: on nous y apprit l'arrivée de M. le comte de Repentigny, brigadier des armées du roi, ancien colonel du régiment de la Guadeloupe, nommé depuis pour gouverneur de l'Afrique françoise. Nous allâmes le voir. Ce brave commandant approuva nos desseins, nous promit son appui, & facilita à mes deux amis leur passage sur la gabarre du roi, la Bayonnoise, armée pour le conduire à son gouvernement, commandée par M. le marquis de la Jaille. Demander une place pour un troisieme passager, c'eût été abuser de la complaisance de M. de la Jaille. Je me présentai donc chez M. Lanaspeze, qui armoit dans le même instant pour porter les vivres & les munitions de guerre à la colonie du Sénégal. Ce négociant avoit trois passagers pour le roi. Il ne pouvoit faute de place me recevoir sur son bord. J'étois sur le point de retourner à Paris, & d'abandonner mon entreprise, lorsque M. le chevalier de Fresnel, gentilhomme picard, reçut ordre de rester en France. Sa place vacante sur les deux amies, me procura le triste avantage de m'y embarquer avec une partie de ma pacotille.

J'entrai à bord le dix-neuf de décembre 1783. Le navire étoit du port de trois cens tonneaux environ, de construction hollandoise, capitaine Carsin.

Nous restâmes dix jours en riviere contrariés par les vents. Le onzieme on se mit en route avec la Bayonnoise que nous perdîmes de vue sur le soir. Arrivés près du cap Finistere, nous reçûmes des coups de vent horribles, qui nous tînrent à la cape cinq jours de suite. L'on parloit d'aller relâcher dans quelque port voisin ; mais le vent s'étant calmé, on se remit en route.

La nuit du 7 au 8 janvier 1784, le capitaine,

harrassé de fatigue, voyant qu'on faisoit bonne route, que le temps étoit sûr, laissa la conduite de son quart à son lieutenant, jeune homme placé par protection, & dont il ignoroit les talens.

Ce jeune étourdi, qui n'avoit encore fait que deux campagnes sur les bâtimens du roi, ébloui de se voir à la tête d'un quart, laissa le timonier aller à sa guise. Le capitaine éveillé par une secousse que reçut le navire, sauta sur le pont, vit d'où le mal provenoit, & y remédia avec un sang-froid admirable. Le temps étoit toujours beau, on se répara du mieux que l'on put, & l'on continua la route sans apparence de danger.

Le capitaine prenoit tous les jours la peine d'instruire son lieutenant; & malgré l'inexpérience qu'il lui connoissoit, soit qu'il voulût absolument le former, soit qu'il crût que nous n'avions plus de dangers à courir, soit quelqu'autre motif qu'il ne me fut jamais possible d'éclaircir, il lui laissa toujours la conduite de son quart.

La nuit du 14 au 15, le second, qui étoit le fils de l'armateur, prenant le quart du lieutenant, apperçut la terre: on en étoit tout au plus éloigné de trois lieues. L'on couroit dessus vent arriere: une heure plus tard nous périssions corps & biens. Les hautes montagnes qui s'offroient à la vue, furent prises par tout l'équipage pour Mogodor, où il n'en existe point: une fatale expérience ne nous fit que trop connoître que c'étoient celles de *Wed de Nun*.

Cette nouvelle faute du lieutenant, qui voyant la terre n'avertissoit pas, n'ouvrit cependant point les yeux du capitaine sur le danger auquel il nous exposoit tous, en lui laissant la conduite de son quart. L'équipage commençoit à murmurer, plusieurs matelots qui avoient déja fait ces voyages, disoient hautement qu'on vouloit se perdre; ce qui arriva, en effet, le dix-sept janvier, à quatre heures du matin, à la sortie du quart du lieutenant, sans qu'on eût apperçu la terre.

Tout capitaine expérimenté sait que les courans portent tous sur la côte d'Afrique; qu'il y a de longs bancs de sable qui se prolongent de beaucoup en mer; que le soir & le matin on a peine à les distinguer de l'eau; qu'enfin il est impossible en beaucoup d'endroits de voir la terre à trois lieues de distance : ces raisons & la construction du navire qui dérive toujours plus que les navires françois, auroient dû faire tenir le large, sur-tout ayant eu connoissance de la terre deux jours avant.

La secousse horrible que reçut le navire en donnant sur le banc de sable, nous fit tous sortir de nos cabanes. On ne distinguoit rien, des cris horribles se faisoient entendre de tous côtés; les matelots couroient sur le pont sans savoir où ils portoient leurs pas. L'un se saisissoit d'une cage, l'autre sautoit aux cordages, la lame nous couvroit entièrement. L'obscurité de la nuit, l'horrible bruit des vagues, l'ignorance où étoient les chefs du lieu où ils avoient échoué, le danger présent, tout nous fit perdre la tête, & nous plongea dans l'anéantissement.

Cependant notre navire, de construction hollandoise, faisoit très-peu d'eau : il eût été facile de jetter une ancre, de l'alléger, & de se mettre à flot; mais personne ne pensa dans le moment à une manœuvre aussi simple, qui nous eût tous sauvés. On s'en remit à la volonté de l'être suprême, & on attendit le jour sans prendre aucune résolution.

Sur les cinq heures & demie, le navire, battu par les lames qui se succédoient continuellement, fit eau avec abondance, le danger parut plus pressant. Le maître d'équipage voyant que le bâtiment se maintenoit droit, voulut conserver cette position : il fit couper la mature ; on travailla ensuite à alléger le navire, pour qu'il pût de plus en plus s'approcher de la terre.

Sur les sept heures, le capitaine fit cesser tout travail pour prendre un parti dans une circonstance aussi malheureuse. La terre qui s'offroit à nos regards, paroissoit inculte & déserte. On ne savoit où l'on étoit. Les uns assuroient que nous étions échoués sur une des Canaries, les autres sur la côte d'Afrique. Revenus cependant de notre premiere frayeur, on ne pensa qu'aux moyens les plus sûrs de gagner cette terre, quelle qu'elle pût être.

Nous en étions éloignés de plus d'un quart de lieue ; on ne distinguoit rien sur le rivage ; cela n'empêcha point le sieur Decham, pilotin, âgé de dix-neuf ans, natif de Bordeaux, d'un caractere courageux & intrépide, de se jetter à la mer. Il se passa la ligne de la sonde autour du corps. Cette ligne devoit lui servir à tirer un cordage un peu plus fort, qui, si le navire venoit à se partager, nous auroit été du plus grand secours.

Les rochers parmi lesquels ce jeune homme fut obligé de nager, lui firent perdre cette ligne : ainsi sa démarche ne nous fut d'aucune utilité. Accablé de fatigue & de froid, il se mit à l'abri du vent dans un tonneau que la mer avoit déja porté sur le rivage.

A peine y fut-il, que nous vîmes courir le long de la mer un animal que dans notre frayeur nous prenions pour un tigre; c'étoit un chien des Maures que nous ne tardâmes point à voir paroître. Ces peuples, connus dans nos contrées sous le nom de Maures, forment cependant diverses nations. Ceux qui nous apperçurent, descendent des Arabes errans, & des fugitifs portugais qui se refugierent dans le Saara, lorsque les Schérifs s'emparerent des trois royaumes de Barbarie. On les connoît dans l'Afrique sous le nom général de *Nar*. Ceux qui occupent le pays où nous fîmes naufrage, se nomment *Mongearts*: ils n'ont que des chefs de hordes, & ne reconnoissent pour souverain, que l'empereur de Maroc, auquel ils ne paient aucun tribut, & dont ils ne suivent pas même les loix. Ceux qui sont vers le cap Blanc & sur les bords du Niger, ont des princes particuliers & portent divers noms. Les princes les plus considérables sont le roi des Blacnars (1), & celui des Trasars (2).

Ces peuples sont misérables, ils manquent de tout, & ne vivent que de ce qu'ils trouvent ou peuvent voler. La terre qu'ils habitent, ne peut fournir à leurs besoins, & ils se jettent avec avidité sur tout ce qui paroît propre à les satisfaire. Ils accoururent en foule sur les bords de la mer, en poussant des hurlemens affreux.

---

(1) Celui qui régnoit en 1786 se nommoit Halicon.
(2) Il se nommoit Admet-Moctar.

A leurs cris, le malheureux Decham sortit de son tonneau, & se jetta à la mer pour regagner le navire à la nage. Mais il fut bientôt arrêté par les Maures qui s'y étoient jettés de même. Ils le traînerent sur le rivage, lui enleverent sa chemise, & le conduisirent nud sur le haut de la colline. Placés tous sur le devant du navire, nous tendions les bras vers ces hommes, nous leur demandions grace, comme s'ils eussent pu nous entendre ; nos foibles voix ne parvenoient point jusqu'à eux ; ils ne paroissoient pas même faire attention à nos mouvemens. Nous les vîmes, à l'aide de nos lunettes, faire un trou dans le sable, y mettre le malheureux Decham, & le couvrir en entier.

Deux hommes le garderent, les autres vinrent sur le rivage ; une partie se jetta à la mer en nageant vers le navire, & l'autre s'occupa à recueillir les débris des tonneaux que nous avions jettés. Ils en firent un grand feu, coururent chercher Decham, se mirent quatre à le porter, & l'exposerent devant ce feu. Tantôt ils le suspendoient par les pieds, tantôt ils le mettoient par le travers, & se le faisoient passer de main en main. De nouveaux montagnards survenus, prirent la place des premiers qui se mirent à danser autour du feu, en poussant des cris horribles. Nous crûmes en ce moment que c'en étoit fait ; & ce qui n'étoit qu'objet de pitié & de sensibilité parmi ce peuple, notre imagination effrayée nous le fit voir comme le comble de l'inhumanité.

Nos matelots, peu accoutumés à un spectacle de cette nature, se figurerent qu'ils l'avoient tué

& mangé. Plusieurs assuroient l'avoir vu mettre en pieces. On avoit beau leur dire qu'il n'existoit pas d'antropophages sur ces côtes, rien ne pouvoit leur faire changer d'idée.

Les ordres des officiers ni même du capitaine n'étoient plus écoutés. Ils se figuroient que ces sauvages seroient assez hardis pour venir à bord, & étoient déterminés, disoient-ils, à se battre jusqu'à la derniere extrêmité.

Voyant qu'aucunes raisons ne pouvoient engager l'équipage à alléger le navire, que la lame poussoit sur la côte, je fus sur le pont, offrant de l'argent à qui en vouloit. Un sac de 1200 liv., que j'avois eu de M. Follie, fut vuidé au même instant. Quoique certains que s'ils sauvoient leurs vies, cet argent leur seroit inutile ; il les tira cependant de l'espece de léthargie dans laquelle ils étoient tous plongés. Une partie s'occupa de nouveau à alléger le navire, tandis que l'autre disposoit les armes. A peine furent-elles préparées que le capitaine fit cesser le travail. Son dessein étoit de se rendre en pelotons & bien armés sur le rivage. Il fit mettre deux pierriers chargés à mitraille dans le canot ; à force de bras on le lança à la mer, quatre matelots s'y placerent bien résolus de se défendre vigoureusement. Nous nous persuadions que ces peuples les voyant armés ne les attaqueroient point ; nous pensions d'ailleurs que nos pierriers étoient plus que suffisans pour les éloigner : heureusement nos projets devinrent sans nul effet. Nos mesures avoient été mal prises. Le canot chavira, & nos gens furent assez heureux pour regagner le bord à l'aide des cordages que nous leur jettâmes à l'instant.

Cet événement ne nous fit point changer d'idée ; la chaloupe nous restoit, on résolut de s'en servir pour exécuter le même projet. Nous travaillâmes avec ardeur pour la mettre en mer : nos forces étoient épuisées, on prit quelque nourriture ; & c'est ce qui nous sauva. La réflexion nous fit appercevoir du danger auquel nous nous exposions de gaieté de cœur. L'idée de ponter la chaloupe étant venue à l'un de nous, on crut qu'il étoit facile de l'exécuter. Le capitaine espéroit par ce moyen gagner les Canaries, se croyant échoué sur le cap de Nun. D'autres disoient qu'il seroit plus facile de gagner le Sénégal, à cause des vens qui regnent dans ces cantons. Ce dernier parti étoit le meilleur, & auroit été suivi. On se mit à l'ouvrage, mais on ne put réussir. On cloua seulement quelques planches. Nous eûmes une peine infinie pour mettre cette chaloupe à la mer ; nous l'amarrâmes avec de gros cordages, dans la crainte qu'elle n'éprouvât le même sort que notre canot : nous y embarquâmes des vivres, de l'argent, des armes & les objets les plus précieux ; mais quelque bien prises qu'aient été nos mesures, elles devinrent encore inutiles.

Les lames étoient si violentes qu'elles nous obligerent tous de nous retirer. Nous quittâmes notre chaloupe avec grand regret. Un des cordages qui la tenoient amarrée, étant venu à se rompre, elle heurta vigoureusement contre le corps du navire. On l'amarra de nouveau malgré le danger. Elle faisoit eau de toutes parts : il n'étoit point possible de la hisser à bord ; nous prîmes donc le triste parti de l'abandonner.

A peine fut-elle sur le rivage, que les Maures

s'y rendirent. Ils s'emparerent de tout ce qu'elle contenoit, la halerent à force de bras sur le fable, & y mirent le feu. Cette action nous parut auffi cruelle que ce que nous penfions qu'ils avoient fait à notre malheureux compagnon d'infortune. Ignorant leurs loix & leurs coutumes, nous ne jugions de leurs actions que fur ce que notre imagination frappée nous portoit à croire. Nous ne favions pas que ces peuples doivent détruire tout ce qui n'eft pas d'ufage reçu parmi eux. Cette action fimple en elle-même abattit notre courage.

Notre navire gagnoit peu de terrein. Il fe brifoit à vue d'œil. Il plioit vers le milieu, le pont étoit ébranlé, nous penfions à chaque lame qu'il alloit s'entrouvrir. D'un autre côté le danger auquel nous nous penfions expofés, fi nous avions le bonheur de gagner la terre, nous paroiffoit encore plus terrible. Nous étions anéantis par nos réflexions; l'abattement & la confternation étoient généraux.

Le tonnelier, homme courageux, bon nageur, nous tira bientôt de nos triftes réflexions. » Mes » amis, dit-il à fes confreres, il faut ou périr ici, » ou tomber entre les mains de ces peuples : il » n'y a plus de milieu, l'incertitude du fort qui » nous attend, eft pour moi plus cruelle que la » mort. Je fais nager, je vais me rendre à terre. » Examinez ce que l'on fera de moi. Si l'on ne » me tue pas, je vous ferai fignal ; dans tous les » cas, j'aurai au moins la confolation de mourir » avant vous ". Etonnés de fa réfolution, perfonne ne penfa à l'arrêter. Il fe jetta à la mer; plus de vingt Maures vinrent à la nage à fa rencontre. Ils le faciliterent à gagner le rivage, le dépouillerent de sa chemise, l'exposerent au feu comme ils avoient fait de Decham, danserent autour de lui, & le déroberent entiérement à nos regards, sans qu'aucun de nous pût assurer qu'on l'eût égorgé, ou qu'on lui eût sauvé la vie.

Le capitaine qui, en apparence, avoit toujours conservé son sang-froid, perdit la tête en ce moment. Il crut l'avoir vu mettre en pieces, & ne pensa plus qu'aux moyens les plus sûrs de se donner la mort. Son dessein étoit de faire sauter le navire; plusieurs milliers de poudre dans la sainte-barbe en rendoient l'exécution facile. Il nous fit tous monter sur le pont, nous exhorta à la mort; cependant ne voulant point mourir sans vengeance, il se prépara à faire feu sur la multitude qui couvroit le rivage. Pour les attirer en plus grand nombre & porter des coups plus sûrs, il fit jetter à la mer les objets les plus précieux. Il fut trompé dans son attente, car les Maures, instruits par nos deux confreres que nous étions François, se rappellant les pertes qu'ils avoient faites dans les naufrages de deux navires de notre nation, se douterent d'une partie des desseins que l'on formoit à bord contre eux. Ils s'éloignerent du rivage sans faire attention aux objets que la mer y apportoit, allumerent de grands feux sur le haut de la colline, & se livrerent à tous les mouvemens de la joie qu'une dépouille aussi riche faisoit naître dans leur cœur.

Trompé dans ses espérances, & ne voulant pas tomber vif entre les mains de ces sauvages, le capitaine assembla de nouveau l'équipage, & l'exhorta à faire sauter le navire. Les officiers étoient d'un avis contraire; & nous allions tous périr sans le courage du sieur Bardon, sous-lieutenant du bataillon d'Afrique. Le sabre à la main, & secondé des officiers, il menaça d'égorger le premier qui oseroit s'approcher de la sainte-barbe. Que de contrariété dans la pensée des hommes, sur-tout lorsqu'ils sont dans le danger! Tous vouloient mourir, & il ne s'en trouva pas un assez hardi pour s'exposer à tomber sous les coups du sieur Bardon. L'équipage se retira sur le devant: je veillai avec le sieur Follie, un mousse & un novice sur la conduite du capitaine qui paroissoit être revenu à notre avis. Il nous remercioit de la violence qu'on lui avoit faite, & nous prioit de lui pardonner un moment de foiblesse. Sur le minuit il se jetta sur son lit pour prendre quelque repos; éveillé sur les deux heures, il monta sur le pont, & eut une si grande frayeur des feux, des danses & des cris des Maures, qu'il se détermina à se tuer. Il n'eut garde de nous faire part de son dessein, se mit sur son lit, pria Dieu; & se baissant, se tira deux coup de pistolet dans la bouche. Nous allâmes à lui; nous le croyions mort, mais il s'étoit manqué: le chirurgien le pansa aussitôt, & on l'empêcha d'attenter de nouveau à ses jours.

Loin d'abattre l'équipage, l'horreur du spectacle qu'offroit la figure effroyable de cet homme, ne fit qu'affermir chacun de nous dans le dessein de se sauver: plusieurs, dans la crainte que les Maures ne nous attribuassent la blessure de notre capitaine, proposerent de lui amarrer un pierrier au ventre & de le jetter à la mer; mais cet horrible avis fut rejetté.

Le jour commençant à paroître, le second capitaine assembla tout le monde, & l'on se mit à faire un radeau. Instruits par l'expérience de la veille, nous nous résolûmes d'attendre la marée basse.

Sur les onze heures, les Maures n'appercevant plus de mouvemens sur le pont, se jetterent à la nage dans l'intention de se rendre à notre bâtiment. Attirés par leurs cris, nous leurs jettâmes des cordages, & les mîmes à bord. Sans répondre & sans s'embarrasser de nos questions, ils ne s'occupoient que de piller; nous faisant seulement entendre le nom de Maroc. Privés du secours que nous attendions de leur arrivée, pressés de nous rendre à terre puisqu'ils devenoient plus nombreux que nous, on jetta sur les deux heures le radeau à la mer. Dix seulement purent s'y placer. La lame étoit si violente qu'elle en enleva quatre. Le sieur Bardon, officier du bataillon d'Afrique, se noya; telle fut la triste fin de celui qui, la veille, nous avoit tous sauvés. Deux autres, parmi lesquels se trouvoit le sieur Follie, furent secourus à propos par les Maures qui s'étoient jettés à la nage, & le conduisirent sans connoissance à terre. Le quatrieme, qui étoit le capitaine en second, regagna le navire. Les six autres, parmi lesquels étoit le capitaine, furent à peine à terre, que les Maures les conduisirent sur une éminence où il y avoit un peu de feu, & là les ayant dépouillés, les laisserent nuds. Nous n'étions plus que onze. Nous nous empressâmes à faire un nouveau radeau. Il fut bientôt prêt; quoique peu solide, cinq s'y placerent. Quatre se sauverent sans accidens : le cinquieme fut secouru par un des Maures qui se retiroit avec ce qu'il avoit pris dans le navire.

Nous

Nous restions six, nous ne pouvions plus faire de radeau; le nombre des Maures qui étoient occupés à piller, ne nous en laissoit point la liberté. Nous résolûmes donc de profiter des paquets qu'ils jettoient à la mer, de nous y tenir fermement, & par ce moyen de gagner le rivage. Je fus le premier à prendre ce parti; l'heureux succès que j'eus décida les matelots à suivre la même voie. Sur les six heures, nous fûmes tous assemblés sur la colline autour d'un grand feu. Les Maures nous y laissèrent environ demi-heure, puis nous ayant examinés comme on fait des esclaves, ils nous firent lever tous, & nous conduisirent environ demi-lieue dans les terres. Là, ils nous diviserent. La moitié retourna vers le rivage, & nous fûmes les tristes témoins des disputes qu'ils eurent pour savoir à qui nous appartiendrions. Ils venoient sur nous le sabre à la main : nous ne savions que penser; nous étions nuds, sans armes, n'ayant point apperçu nos deux camarades qui, la veille, s'étoient rendus à terre. Nous pensâmes tous que nous touchions au dernier moment de notre vie, & nous prîmes machinalement la fuite dans le dessein de la conserver quelques minutes de plus. Ils se battoient avec acharnement pour nous avoir, c'étoit à qui s'empareroit de nous. Plusieurs de nos gens furent cruellement blessés; j'eus le malheur d'être arrêté presqu'au même instant par deux Maures. Celui qui m'avoit touché le premier, prétendoit m'avoir, c'étoit la loi; mais son adversaire, trop cruel pour entendre raison, voulut terminer son différent par ma mort. Je parai le coup de poignard qu'il me porta, & n'en eus que deux doigts offensés : cette action lui coûta la vie; il ne fut point

B

assez prompt pour se mettre en défense contre mon véritable maître, qui, ayant comme lui le poignard à la main, le jetta à ses pieds. Le Maure qui m'eut dans son partage, me conduisit où étoient ses freres, ses femmes & ses esclaves. Ils mirent le feu sur ma plaie pour en étancher le sang, ce qui arrêta le progrès du poison. Ils m'envelopperent la main avec des herbes trempées dans de l'huile de tortue; je ne tardai point à éprouver une entiere guérison.

Qu'on s'imagine s'il est possible, la triste situation d'un homme qui, n'ayant jamais voyagé, se trouve tout-à-coup privé de ses vêtemens, mourant de faim, & environné de barbares qu'il pensoit devoir être ses bourreaux. La mort qui a l'instant du naufrage s'étoit peinte à mon imagination sous les apparences les plus terribles, ne me paroissoit plus si redoutable. Quoique je fusse résolu de tout supporter pour conserver ma chetive existence, je voyois cependant l'excès de mes maux avec une indifférence extrême. Mon malheur étoit trop grand pour que je pusse le sentir. Je croyois que chaque instant alloit être le dernier de ma vie. Résigné à la volonté suprême, j'attendois sans inquiétude le coup fatal, & le regardois comme l'heureux terme de ma misere. Les disputes des Maures au moindre objet qui frappoit leur cupidité, les coups de bâton & de poignard qu'ils se donnoient, me faisoient croire que c'étoient mes malheureux compagnons d'infortune qu'ils immoloient à leur rage. J'avois vu renverser près de moi deux de mes compatriotes, je pensois qu'on les avoit égorgés : je ne me fiois plus à la fidélité des historiens sur les mœurs de cette nation, je la croyois antropophage. Mes compatriotes avoient été éloignés de moi, j'étois environné d'une trentaine de Maures, je pensois qu'on nous avoit partagés de la sorte pour nous manger en famille. Les pierres apportées pour soutenir le feu, les fagots & les débris des tonneaux, amassés près du lieu où j'étois, me sembloient autant d'instrumens de supplice qu'on me réservoit. Dans cette pensée, je recommandai de nouveau mon ame à Dieu; ma priere finie, j'attendis tranquillement la mort, & envisageai sans frémir ce que je croyois en être les apprêts. Ma tranquillité n'étoit point de la philosophie, mais plutôt une espérance entiere en la miséricorde de mon Dieu. L'appareil mis sur ma plaie ne m'ôtoit point cette idée funeste. Les danses & la joie cruelles des femmes qui m'environnoient & m'arrachoient les cheveux, plutôt par curiosité que par malice, & ne pensant point à me couvrir, se réjouissoient de m'avoir parmi elles; tout m'affermissoit dans cette opinion fatale. Elle se dissipa enfin, lorsque je les vis prendre plaisir à me voir boire le lait qu'on m'offrit sur les dix heures du soir. Je passai cependant la nuit la plus triste, abandonné à mille réflexions plus effrayantes les unes que les autres, couché nud sur le sable, & exposé à l'injure de l'air.

Les Mongearts, qui sont les Arabes du Saara, étoient les seuls qui s'étoient trouvés sur le rivage à l'instant de notre naufrage. Mais ils n'eurent point toute notre dépouille, ils furent contraints de la partager avec les Maures du Biledulgerid, nation guerriere & mieux armée, que l'on connoît dans le pays sous le nom de Monselemines. C'étoit à un Arabe de cette derniere nation que j'appartenois.

Le lendemain nos maîtres nous laisserent la liberté de nous assembler tous sur le bord de la mer. Ceux d'entre nous qui appartenoient aux Mongearts, avoient été traité on ne peut plus humainement. Les uns avoient des peaux pour se couvrir, d'autres des hardes que leurs maîtres avoient pillées dans le naufrage. Quant à ceux qui appartenoient aux Monselemines, ils étoient tous nuds comme moi, & n'avoient point été mieux traités.

Cette diversité de mœurs dans des peuples si voisins, me fit croire que sans doute mes compagnons n'avoient été bien traités par les Mongearts, que parce que ces peuples étoient accoutumés à voir des Européens dans la riviere du Sénégal ou à Portendic, ce qui me fit penser que si je pouvois leur appartenir, j'aurois sûrement le bonheur d'être conduit au Sénégal. Cette idée vraie ou fausse me fit former le projet de m'éloigner, s'il étoit en mon pouvoir, de l'endroit où mon maître avoit ses femmes & ses esclaves. On ne faisoit presque point attention à moi, ce qui m'engagea sur les neuf heures du matin à m'enfoncer dans les terres, sans savoir où j'allois.

J'eus à peine fait une demi-lieue, que je fus rencontré par des Maures qui me firent marcher à grands pas, & me conduisirent à leurs tentes, où je vis beaucoup de chevres & de chameaux. A peine fus-je arrivé qu'on me donna du lait, & qu'on me couvrit de plusieurs peaux de chevres cousues ensemble. Quoique fatigué de la marche, & ayant passé deux nuits sans dormir, il ne fallut point songer à me reposer. On me fit marcher tout le jour. On s'arrêta enfin vers la nuit. Je la passai on ne peut plus tranquillement, quoique couché à l'injure de l'air. Le soleil n'étoit pas encore levé que déja les chameaux étoient prêts pour la route. Un Maure me fit monter derriere lui, & je continuai ainsi de voyager sans savoir où j'allois, ayant laissé tout l'équipage sur le bord de la mer.

Sur les trois heures, j'arrivai à d'autres tentes où je me reposai des fatigues des jours précédens. Je n'y restai que deux jours, car le troisieme, trois Arabes nuds, mais bien armés, m'entraînerent dans la partie du sud. Nous traversâmes plusieurs rivieres; & après seize jours de marche, ils s'arrêterent sans oser me conduire plus loin. Le premier jour de ma route j'eus les pieds tout en sang. Ils m'arracherent les épines que j'avois à la plante des pieds, me la ratisserent avec leurs poignards, & m'appliquerent dessus du goudron & du sable. Je n'eus plus ensuite de peine à marcher. Leur intention étoit de me vendre aux navires qui viennent au Sénégal pour acheter de la gomme. Ils me disoient tous les jours en arabe, *soui soui ou canefeinne gaderdome*. Ce qui suivant ce que j'appris par la suite, signifie : *bientôt tu seras au Sénégal*. Mais la guerre qui existoit alors entre les princes de ces cantons, les empêcha d'exécuter leur dessein.

Nous passâmes trois jours dans une forêt de gommiers. L'impossibilité où ils étoient de me vendre au Sénégal, les obligea de revenir sur leurs pas. On se remit en route; j'arrivai, après trente jours de marche continuelle, à la tente de mon maître (1). Il y avoit long-temps qu'il étoit de

---

(1) Les deux routes furent en tout de trente jours de marche, ces deux voyages n'en faisant qu'un, ce qui fait que cette route totale fut de trente quatre jours.

retour du pillage du navire. A cause de ses troupeaux il s'étoit porté vers l'endroit du désert qui sépare la terre des Monselemines, de celle des Mongearts. Ma nourriture pendant ce pénible voyage n'avoit consisté qu'en lait mêlé d'urine de chameaux, & en un peu de farine d'orge ou de mil qu'on délaie dans de l'eau saumâtre, quand on a le bonheur d'en rencontrer.

Il me seroit impossible de décrire les peines que j'eus dans un voyage aussi long : j'y aurois infailliblement succombé sans la bonté de mon tempérament, & si toute ma vie je n'avois été accoutumé à la fatigue. Tant qu'on me prononça le mot de *gaderdome*, sans le comprendre, je sentois mes fatigues allégées. Leur maniere de me parler de cet endroit, me le faisoit regarder comme le terme de mes malheurs; mais quand on cessa de m'en parler, je pensai avec raison que mes peines seroient longues. Ils m'expliquoient en me montrant leurs fusils, qu'on les tueroit de ce côté. La vérité étoit, qu'ils n'avoient pas cette crainte, mais ils avoient peur qu'on ne leur enlevât leur capture, & ils ne vouloient pas s'exposer à perdre le prix qu'ils espéroient tirer de ma personne.

On rencontre dans le désert de très-belles terres qui, cultivées produiroient sans doute les choses nécessaires à la vie. Nous y trouvâmes beaucoup de truffes; j'en mangeai avec plaisir. Les Maures avec qui je voyageois, m'en procuroient souvent. Accoutumés à vivre de laitage, ils se contentoient de celui de nos chameaux, & se privoient volontiers de ces racines. Je n'eus point à me plaindre de mes conducteurs ; ils me traitoient humainement, & me procuroient autant qu'il étoit en eux; ce qui paroiſſoit me flatter le plus.

Le lendemain de mon arrivée, je les vis partir avec peine, je leur étois ſincérement attaché. Jamais je ne les revis depuis. Pendant la route, lorſque nous nous arrêtions le ſoir, ils alloient eux-mêmes chercher le bois pour la nuit, & me laiſſoient pour la garde des chameaux & du bagage; ſouvent même, lorſqu'ils me voyoient trop fatigué, ils s'arrêtoient deux ou trois heures avant le ſoleil couché.

La horde à laquelle j'appartenois, étoit compoſée de cinquante-deux tentes, tantôt réunies, tantôt ſéparées, ſuivant que l'exigeoit le terrein pour la commodité des pâturages. Ces tentes ſont faites d'une toile noire & épaiſſe, tiſſue de poils de chevres & de chameaux, leur largeur eſt de dix-huit pouces environ : on les coud enſemble pour fermer la tente, & deux bâtons croiſés la ſoutiennent. Ces peuples n'ont pour tout meuble, que quelques cordes de paille pour leurs beſtiaux, un pot de terre pour faire chauffer le lait, ou cuire le grain, une cuillier à pot, une natte, un couteau, une pique, & un gros caillou qui leur ſert de marteau pour enfoncer les petits piquets de la tente. Contens dans leur indigence, ne connoiſſant point de beſoins, ces peuples vivent dans une parfaite tranquillité. Les hommes s'occupent de la chaſſe & de la garde des troupeaux; les femmes de filer & de préparer les vivres. Ils ſe couvrent également de peaux de chevres ou de pagnes quand ils peuvent ſe procurer des guinées. La parure des hommes conſiſte à avoir de belles armes, telles que poignards, ſabres, fuſils & un chapelet de gros criſtal blanc; quant à celle des femmes, elle consiste en colliers d'ambre, de corail, de veroterie de toute espece; en boucles d'oreilles d'or ou d'argent, suivant la richesse des particuliers, & en une pagne fort ample dont la moitié est rouge.

Je passai deux jours sans qu'on exigeât de moi aucun travail: le troisieme on me fit aller chercher le bois pour la tente. On me donna pour cet effet une mauvaise corde, & un enfant m'accompagna pour me faire connoître celui qu'il falloit prendre.

Quoique tout le pays soit couvert de broussailles, ces peuples ont cependant le plus grand soin de les conserver, jamais ils ne touchent au bois verd. Il me falloit souvent être deux heures de suite à chercher du bois mort; & lorsque mon fagot étoit suffisant pour la journée, je l'apportois à la tente. Il est inutile d'exprimer la peine que j'endurois dans cet ouvrage tout facile qu'il paroisse. Je n'avois rien le jour pour me couvrir; j'étois contraint de porter ce fagot sur mes épaules; je les mettois tout en sang.

Content de mon exactitude & de mon assiduité à fournir le bois nécessaire, on me fit battre le beurre. Ils mettent pour cet effet leur lait dans une peau de chevre, la suspendent sur trois bâtons, & l'agitent environ deux heures de suite; telles furent les occupations auxquelles on m'employa pendant le séjour que je fis dans cette tente.

Mon maître ayant trouvé occasion de se défaire de moi, je vis donner un baril de farine & une barre de fer de neuf pieds environ; j'ignore si celui qui m'acheta avoit donné autre chose.

Le lendemain, au soleil levant, on se mit en route. Nous marchâmes neuf jours sans relâche. Suivant la coutume de tous les peuples de l'Afrique, on part au lever du soleil, & l'on ne s'arrête que lorsqu'il est prêt à se coucher. Dans le jour, on ne mange que de petits fruits sauvages, ressemblant aux jujubes; & on en trouve de tous côtés. En arrivant, j'étois obligé, comme les captifs negres, d'aller chercher le bois pour se chauffer pendant la nuit, & se garantir des serpens & bêtes féroces dont le pays est couvert. Ensuite on me donnoit un peu de farine d'orge délayée dans de l'eau saumâtre; c'étoit mon unique nourriture, quand nous ne rencontrions point de tentes.

Tous ces peuples exercent l'hospitalité la plus grande. Quand un étranger arrive, on lui fait le salut d'amitié, & on se prive souvent de nourriture pour pouvoir lui en fournir.

A peine fus-je arrivé chez les Maures rebelles au roi de Maroc, que l'on me vendit. Mon nouveau maître ne me donna point de repos, il m'envoya dès le lendemain garder ses chameaux: on confie ordinairement la garde des chevres aux enfans. Je passois la journée au milieu des montagnes, livré entiérement à moi-même; je n'avois aucune connoissance de mes compagnons d'infortune. Des marches aussi longues que celles que j'avois faites, m'avoient entiérement ôté la connoissance du pays où j'étois, & l'espoir de ma délivrance commençoit à m'abandonner. Je ne voyois point de terme à mes maux, ils s'aggravoient de plus en plus, mes forces diminuoient sensiblement; & chaque fois que je changeois de maître, je me trouvois plus maltraité. Le soir, à mon retour à la tente, on me donnoit du lait de chameau en abondance, il est vrai; mais la rareté des repas & la simplicité de cette nourriture n'auroit sûrement point suffi à la conservation de mes forces, si le jour en gardant mes chameaux je n'avois pas eu l'attention de chercher des truffes & d'autres racines sauvages que la nécessité m'avoit fait connoître lorsque je fis route avec mes premiers conducteurs.

Je fus vendu de nouveau; ma santé étoit beaucoup altérée; mon nouveau maître me conduisit à sa tente où je ne restai pas long-temps. Plus pauvre que ne le sont les gens de ce pays, il me conduisit à un marché voisin pour tirer quelque profit de ma personne. Il trouva un Arabe qui m'acheta pour deux jeunes chameaux : celui-ci me vendit le lendemain au marché; il reçut de l'argent, mais j'ignore combien; ce que je sais, c'est qu'il partit fort satisfait, puisqu'il me donna deux livres de dattes environ, & une petite piece de monnoie que j'ai conservée jusqu'à ce jour. Dans tout le Saara le commerce ne se fait que par échange. Ce fut en cet endroit où je vis pour la premiere fois de l'argent. Cette vue ranima mes espérances, je pensai avec raison que je n'étois pas éloigné d'un état civilisé. La variété que je voyois dans le commerce, me faisoit croire que je ne tarderois point à trouver les moyens de pouvoir apporter du soulagement à ma misere. Je concevois l'espoir d'instruire ma famille de mon malheureux sort; j'attendois ma délivrance, de sa tendresse : cet espoir me faisoit supporter mes peines avec plus de courage.

J'appris par expérience la vérité du sentiment

de ceux qui assurent que plus les hommes sont civilisés, plus ils sont cruels. A chaque nouveau maître j'étois plus maltraité; aussi m'approchois-je des états de Maroc, où nous aurions encore eu beaucoup plus à souffrir, si nous avions eu le malheur d'appartenir à d'autres qu'à l'empereur.

Sur le soir nous nous mîmes en route, & nous nous approchâmes du cap de Nun. Quatre Arabes, qui étoient au marché, lorsque ce Maure m'acheta, vinrent nous attendre vers la nuit. Mon maître qui les connoissoit, ne se défia point d'eux; ils n'avoient pour armes que leurs poignards. J'en vis un qui alloit lui en porter un coup, je criai; mon maître l'évita, & tua son adversaire d'un coup de fusil. Aussi-tôt les autres l'attaquerent, je courus à son secours; & d'un coup de bâton j'en jettai un à ses pieds; & comme il le poignarda aussi-tôt, les deux autres prirent la fuite. Nous prîmes seulement les poignards des deux qui avoient été tués, & continuâmes notre route. Au-lieu d'aller me vendre, suivant sa premiere intention, il me céda à son frere, l'un des plus riches particuliers du pays.

Ce moment fut la fin de ma misere. J'étois obéi par les negres esclaves; les femmes me donnoient ce que je pouvois désirer. Je n'avois plus de travail à faire: si j'allois aux troupeaux, c'étoit pour me désennuyer. On prend les mœurs des peuples avec lesquels on vit, quelque sauvages qu'elles soient, sur-tout lorsque les coups de bâton ne se mêlent pas de la partie. Il n'y avoit pas d'amitié que l'on ne me fît; ils vouloient m'attacher à eux; promesses, présens, rien ne me fut épargné; ils m'offrirent même la sœur de mon maître. Les Arabes de sa horde me regardoient plutôt en compatriote qu'en esclave; ils faisoient souvent le jeu du feu, & je participois à leurs danses nocturnes.

Je commençois alors à entendre l'arabe, je voyois bien leurs desseins, mais par divers exemples je leur fis comprendre que je deviendrois méprisable à leurs yeux, si j'acceptois leurs propositions. Me voyant inébranlable, ils ne me presserent plus. L'amitié qu'ils avoient pour moi, leur fit prendre le parti de me conduire chez *Hali-Laze*, chef de Glimi, pour me faire passer, disoient-ils, le plutôt possible dans les terres soumises à la domination de l'empereur de Maroc. Je restai huit jours chez ce particulier, sans lui appartenir: enfin il m'acheta. J'ignore le motif qui le porta à me payer aussi cher qu'il le fit: je sais, car je comptai moi-même les especes, qu'il paya, pour m'avoir, cent cinquante piastres fortes, tout en petites pieces de la valeur de dix sous. Comme le nombre de ces pieces étoit de quinze cents, nous les contâmes, mon maître & moi, deux jours de suite, crainte d'erreur. Cette somme ne me fit point plaisir; je savois qu'il avoit refusé de donner cent piastres pour le sieur Decham, & je pensois qu'il ne m'avoit payé aussi cher que dans l'intention de mettre ma liberté à un prix excessif.

Hali-Laze avoit une maison qui, dans ce pays, pouvoit bien passer pour un superbe palais. Il avoit beaucoup de negres, négresses, chevaux, vaches, chameaux, & généralement de tout ce qu'on voit dans nos fermes. Il avoit été jadis à Paris à la suite d'un ambassadeur de Maroc: par des raisons de mécontentement, & pour sauver sa tête, il s'étoit vu contraint de se faire chef des Maures rebelles au roi. Il se maintenoit contre ce prince par la force des armes.

Cet homme me traita bien, il n'exigea de moi aucun travail, & me donna des habits : je ne couchai plus à l'injure de l'air ; j'avois de la paille, dont je me fis une espece de lit. Je faisois deux repas par jour. J'avois de la nourriture en abondance, au point même que presque tous les jours, je partageois mon dîner, soit avec un matelot provençal qui se trouvoit alors à Glimi, soit avec M. Lanaspeze, capitaine en second, fils de l'armateur. Les jours de marché, j'avois souvent de mes compatriotes à traiter. Je demandois des vivres aux femmes, jamais on ne m'en refusoit. Traité de la sorte, je ne tardai point à recouvrer mes forces.

Les négocians françois & anglois établis à Mogodor, instruits de notre malheur par les différens courtiers que leur commerce les oblige de répandre dans la campagne, envoyerent pour traiter de notre liberté; le Maure Bentahar, qui logeoit chez mon maître, m'acheta cent quatre-vingts piastres fortes. Je fus témoin du marché, je discutai moi-même sur le prix de ma rançon, & le Maure ne m'acheta que sur la certitude que je lui donnai qu'il seroit payé par les négocians françois, à l'instant que je me ferois connoître à Mogodor. Cet homme réunit en même-temps cinq autres de mes camarades, savoir, M. Follie, natif de Paris, officier d'administration dans les colonies, il le paya deux cents cinquante piastres fortes. Le sieur Decham, pilotin, natif de Bordeaux, le premier qui s'étoit rendu à terre, fut payé quatre-vingt-quinze piastres fortes. Le maître d'équipage & deux matelots de Bordeaux ne furent payés que de 85 à 90 piastres.

Depuis l'instant de mon naufrage jusqu'au moment où je fus rendu à Glimi, ville principale du cap de Nun, je n'avois eu aucune connoissance du reste de l'équipage.

M. Lanaspeze, notre second capitaine, fils de l'armateur, étoit dans le même lieu, mais il avoit pleine liberté, & ses maîtres ne le gênoient en rien. Ils ne fut point acheté, j'ignore quels motifs engagerent Bentahar à ne point traiter de sa rançon. A peine fut-il mon arrivée, qu'il vint me voir ; j'étois dans la premiere cour. Il avoit la forme d'un spectre ambulant. D'abord je ne le reconnus point, & il ne me reconnut pas davantage ; bruni par le soleil, portant la barbe & les cheveux comme les Maures, habillé à leur maniere, notre changement n'étoit pas surprenant. Cependant après quelques instans, nous fîmes dans les bras l'un de l'autre. Nos expressions expiroient sur nos levres, nos larmes, qui couloient avec abondance sur nos joues, exprimoient la vivacité de nos sentimens. Nous restâmes tout le jour ensemble. Nous nous racontions nos miseres avec satisfaction. Il m'apprit que M. Follie étoit dans la même ville. Je sortis aussi-tôt accompagné de quelques Maures, & fus avec lui à l'endroit où il étoit retenu. M. Follie appartenoit à un Maure cruel qui le traitoit avec la derniere dureté ; il étoit couché sur la dure, & on ne lui laissoit aucune liberté. Peu accoutumé à la fatigue, il étoit couvert de blessures, suite des coups que les Maures lui avoient donnés pour le contraindre à marcher.

Il y avoit dans le même lieu un matelot provençal, de notre bord, qui ne connoissoit point de maîtres : il vivoit tantôt chez l'un, tantôt chez l'autre ; personne ne l'inquiétoit. Bentahar espéroit qu'il partiroit avec nous, il croyoit l'avoir sans rançon ; mais le jour de notre départ il fut éloigné dans les terres, sans que nous en ayons eu connoissance. Il manqua sa liberté par sa faute, allant toujours avec les Maures. Sans doute il se sera vu contraint de rester au moment où il lui étoit le plus facile d'avoir sa liberté.

Ces messieurs m'apprirent qu'ils avoient été tous inquiets sur mon sort ; que plusieurs assuroient m'avoir vu égorger ; que cette persuasion générale de l'équipage les avoit engagés à instruire le consul françois de ma mort, qu'on n'avoit point encore connoissance de ceux qui s'étoient portés dans la partie du sud avec leurs maîtres ; que pour eux on les avoit horriblement maltraités ; qu'on les avoit contraints à grands coups de bâton de décharger le navire ; qu'on leur avoit fait moudre le grain, chercher le bois, garder les bestiaux ; & qu'à la moindre faute, sans savoir même qu'ils avoient manqué, on les accabloit de coups. Les blessures dont ils étoient couverts ne me firent que trop connoître la vérité de leur récit. En me félicitant d'avoir échappé à un traitement aussi rigoureux, ils m'apprirent que ces peuples, après s'être battus pour les posséder, avoient enfin mis le feu au navire ; que plusieurs Arabes y étoient morts, emportés par les éclats du navire dont ils n'avoient point retiré la poudre ; qu'il y en avoit beaucoup des nôtres de blessés; & qu'enfin le capitaine, après avoir vécu douze jours, ne se soutenant qu'avec un peu d'eau-de-vie, avoit été assommé sur le rivage. Peut-être s'est-on trompé sur son sort comme on le fut sur le mien, car M. Follie est le seul de tout l'équipage qui ait certifié sa mort, personne autre que lui n'en ayant connoissance.

La ville de Glimi est le premier endroit où nous vîmes des Juifs; ils y sont en grand nombre, ainsi que dans tous les lieux situés entre Ste. Croix & cette ville. Presque tout le commerce passe par eux. Les Mahométans de ces cantons les traitent en esclaves. Tout cruel & tout ennemi des Chrétiens qu'étoit l'Arabe, maître de M. Follie, il lui disoit de ne rien souffrir de la part du Juif qui l'avoit acheté de moitié avec lui. Quand M. Follie vivoit chez le Juif, je l'allois voir sans aucune précaution; j'étois, il est vrai, souvent accompagné des Maures attachés aux intérêts de mon maître. Jamais le Juif n'osoit refuser à M. Follie la liberté de venir se promener avec moi. Les Maures qui m'accompagnoient surpris que nous prissions cette précaution, me firent entendre qu'il pouvoit sortir à sa volonté, & qu'ils frapperoient le Juif s'il osoit lui faire la moindre insulte.

Le Juif de Glimi, nommé Bon Jacob, avoit reçu ordre des négocians françois Cabanes & Depras de nous donner des secours; les ordres portoient de dépenser pour nos besoins deux cents onces d'argent. Nous ignorions que par le mot d'once on entend en Barbarie une petite piece de monnoie de la valeur environ de dix sous; & comme la lettre étoit écrite en françois & en arabe, je
persuadai

persuadai à mon maître que c'étoit deux cents piastres fortes que ce Juif avoit ordre de dépenser pour nos besoins. Je lui montrai une balle de fusil; puis la mettant dans une balance, j'y fis placer de petites pieces de monnoie jusqu'au poids de la balle, ce qui fit que ces Arabes obligerent e Juif de nous habiller tous à la mauresque. Cette erreur nous fut de la plus grande utilité, & nous mit à l'abri du froid excessif qu'il fait sur les montagnes de l'Atlas qu'il nous fallut traverser, & qui sont en tout temps couvertes de neige. La dépense se monta pour ma part à quinze piastres & demie environ. Nous ne fûmes que trois qui eûmes un manteau à la mauresque; M. Follie, M. Lanaspeze & moi. Quant au reste de l'équipage on ne leur donna que des haiques.

Le renif est un gros manteau sans couture, fait de poil de chevres & de chameaux, impénétrable à la pluie; il ne coûte pour l'ordinaire que vingt deux onces, & nous fut compté pour quarante. Le haique est une couverture de laine de mouton, longue de quatre aunes & demie sur cinq quarts de large, qui ne coûte dans ce pays que sept à huit onces. On nous les fit payer vingt.

M. Lanaspeze, notre second capitaine, ne pouvant partir avec nous, me donna à l'instant du départ, neuf louis en or, sa chaîne de montre & un cachet de même métal qu'il avoit eu le bonheur de dérober à la connoissance de ses maîtres. Il tenoit ce petit paquet dans ses mains, lorsqu'on le dépouilla, & eut l'attention de le cacher dans le sable. Depuis il le porta dans sa poche lorsqu'on lui eut permis de prendre une mau-

C

vaise culotte. Je remis le tout à mon arrivée à Mogodor entre les mains de MM. Cabanet & compagnie qui tenoient une maison de commerce dans cette ville.

Rassemblés au nombre de six par les soins de Bentahar, arabe attaché à la maison des négocians anglois, nous partîmes pleins de joie, pour nous rendre à Mogodor. La crainte d'être surpris par les Arabes errans qui nous auroient enlevés de nouveau & entraînés dans les montagnes, obligea nos conducteurs de nous faire marcher de nuit. Nous fîmes route de la sorte jusqu'à Ste. Croix de Barbarie, nommé par les Arabes *Agades*.

De Glimi à Ste. Croix nous fûmes cinq jours en route ; à demi-lieue de Glimi, nous passâmes un petit ruisseau d'une eau très-claire, & abandonnant une route qui paroissoit frayée, nous nous rendîmes à une grande maison dans la plaine, d'où nous entrâmes de nuit dans une forêt très-noire. Le lendemain nous allâmes à une maison de Juifs située sur une colline, & nous y passâmes la nuit : de-là nous entrâmes dans des défilés, le long de la mer. Cette journée fut très-dure à cause des mauvais chemins entrecoupés de bois & de montagnes. A huit lieues environ de Ste. Croix, nous passâmes à gué une petite rivière, près de laquelle se trouve une ancienne maison bâtie à la françoise : elle est abandonnée. A une demi-lieue tout au plus de cette maison, existent les débris d'une ville dont nous ne pûmes savoir le nom ; mais sa situation & son étendue prouvent qu'elle devoit être considérable. De-là nous nous rendîmes dans des plaines bien cultivées qui nous conduisirent sur le bord de la mer. Alors nous traversâmes sur des chameaux la riviere qui baigne les murs de Ste. Croix. Les Maures de cet endroit font presque leur unique occupation de la pêche; leurs barques sont faites comme de grandes pirogues, & on les hâle tous les jours à terre.

Arrivés à Ste. Croix, nous fûmes obligés de donner deux mousounnes par chrétien, ce qui fait environ cinq sous en argent de France. Cette ville n'a rien de remarquable. Elle étoit autrefois une des plus commerçantes de toute la Barbarie. Elle est presque ruinée & n'est défendue que par un très-mauvais fort qui n'a que douze canons; encore sont-ils hors d'état de servir. Nous couchâmes près d'une fontaine, ouvrage des Portugais qui avoient possédé ce pays. Notre route se continua sans accident, malgré la difficulté des chemins pratiqués à travers les rochers, les précipices & les forêts qui se trouvent sur l'Atlas, dont la chaîne commence à Ste. Croix de Barbarie, & nous arrivâmes à Mogodor le 21 d'avril.

Messieurs les négocians anglois à qui nous étions adressés par Bentahar, nous reçurent très-bien, & nous conduisirent chez MM. Cabanes & Depras négocians françois. Nous trouvâmes à notre arrivée chez ces messieurs les lettres les plus satisfaisantes de M. Mure, vice consul de France, résident à Salé. La bonté de son cœur y étoit peinte; & sans nous découvrir les moyens qu'il employoit pour nous arracher à l'esclavage, il nous laissoit dans l'entiere persuasion qu'il n'avoit rien tant à cœur que notre délivrance.

La ville de Mogodor appellée ainsi par les Européens, du nom d'une petite isle située au sud de cette place, & qui fait la sûreté du port, n'est connue des Arabes que fous celui de *Souera*. C'est une ville neuve, & le seul endroit où les Chrétiens fassent librement le commerce. Elle avance en mer sur un banc de rochers, & est de toute part environnée de sables. Elle a vers son port trois fortes batteries pour la défendre ; la principale est de vingt-quatre pieces de canon de 24. Le soin de ces batteries est confié aux renégats françois. Ils sont environ deux cents cinquante, tous soudoyés par l'empereur. Cette ville est habitée par des Chrétiens de toutes les nations, des Juifs, auxquels l'empereur fournit des fonds, & des Maures qui s'adonnent au commerce. C'est la ville la mieux fortifiée & la plus commerçante de tout l'empire de Maroc. Les Chrétiens y ont deux prêtres de la mission espagnole, & y exercent librement leur religion.

Le commerce se faisoit autrefois à Ste. Croix de Barbarie, mais l'empereur régnant, fondateur de Mogodor ordonna aux négocians de se transporter dans cette derniere ville, & Ste. Croix est devenue déserte.

J'ignore quel motif engage les François à ne point donner aux villes de ce pays les noms qu'elles portent. Tout est changé sur cet objet. Ste. Croix n'est connue des Arabes que sous le nom de *Agades*; Mogodor sous celui de *Souera*, & ainsi des autres. Le nom qu'on donne en France à ces villes, n'étant point connu dans le pays, met les voyageurs françois qui veulent parcourir la Barbarie dans l'embarras le plus grand.

Le gouverneur de Mogodor, instruit de notre arrivée, nous fit venir en sa présence. Cet homme est doux & affable, il ne sait ni lire ni écrire, &

n'est parvenu à ce gouvernement que par une bravoure dont il a donné des marques éclatantes sous les yeux de l'empereur. Il fit prendre nos noms par les Talbes ou prêtres mahométans, & expédia à l'instant même un courier pour instruire l'empereur de notre arrivée.

Ce prince, à cette nouvelle, entra dans une colere horrible. Il avoit donné depuis deux mois les ordres les plus précis aux gouverneurs des provinces voisines du désert de faire tous leurs efforts pour nous arracher des mains des Arabes errans. Extrêmement jaloux de son autorité, il la croyoit compromise dans cette affaire : il ne pouvoit supporter l'idée que des Chrétiens eussent été plus promptement obéis que lui dans ses états. Il éclata en menaces, condamna à mort l'Arabe que les Anglois avoient envoyé à notre secours, écrivit aux négocians dans les termes les plus durs, menaçant de faire brûler vif le premier qui, dans la suite, oseroit se mêler du rachat d'aucun captif, de quelque nation qu'il fût. On défendit à tous les capitaines des navires en rade de se charger de nous. Nous étions observés avec soin : on ne nous laissoit point éloigner de la ville.

Bentahar, instruit à temps des desseins de l'empereur & de l'arrêt de mort porté contre lui, sauva sa vie & sa fortune par une prompte fuite chez les peuples qui nous avoient retenus en esclavage.

Quelques présens lâchés adroitement aux sultanes favorites firent évanouir la colere du prince. On lui fit entendre que ce n'étoient point les négocians qui nous avoient achetés; mais que nos parens, instruits de nos malheurs, leur avoient fait passer les fonds nécessaires; qu'ignorant ses loix & sa volonté, nous avions pu, sans croire l'offenser, traiter nous-mêmes de notre rançon. Il voulut bien se rendre à ces raisons, mais il voulut nous avoir en son pouvoir : ce qui fit que le 15 mai le gouverneur de Mogodor nous fit venir sur la place publique. Là, par ordre de son maître, il fit compter aux négocians françois l'argent qu'ils avoient avancé pour notre délivrance. Il leur dit que l'empereur leur pardonnoit ainsi qu'à l'Arabe qu'ils avoient employé pour mettre fin à notre misere; puis nous remit entre leurs mains, après avoir fait connoître au peuple que nous appartenions à l'empereur.

De libres que nous étions, nous nous vîmes replongés à l'instant dans l'esclavage : cependant on ne nous faisoit point travailler. La maniere dont le gouverneur nous accueillit, le respect que les Maures avoient pour nous, la liberté qu'on nous laissoit d'aller où nous voulions, les nouvelles qu'on nous donna du reste de l'équipage, tout contribua à rappeller le calme dans notre esprit.

Ce fut alors que nous reçûmes nos premiers habillemens à la françoise. On nous donna à chacun habit, veste & culotte de drap bleu, trois chemises, deux mouchoirs, une cravate de soie, un chapeau, un bonnet & deux paires de souliers. Dépense qui se montoit environ à la somme de 36 piastres fortes pour chacun de nous.

On nous avoit appris que le gouverneur de Teroudan, fils de l'empereur, s'étoit avancé du côté du cap de Nun, à la tête d'une armée de huit mille hommes. Il avoit ordre d'avoir les François, ou par argent ou par force. Nous espérions un heureux succès de cette entreprise; mais les négocians françois en penfoient différemment. Ils nous difoient, ce qui caufe toujours du retard aux ordres de l'empereur, vient de ce que ce prince ne débourfe jamais rien. Il charge ordinairement les Juifs de faire les avances, & ne les rembourfe pas. Il les croit encore trop heureux de lui avoir obéi aux dépens même de leur fortune : de-là viennent les lenteurs que les divers particuliers de cette nation ne manquent point d'y apporter.

Le 15 juin, fur les dix heures du matin, on nous donna ordre de partir pour Maroc. Une caravanne nombreufe, qui fervoit d'efcorte aux deniers royaux provenans des droits des navires relâchés à Mogodor, nous fervoit de fûreté. Les négocians françois & anglois furent les feuls qui vinrent nous conduire; ils nous quitterent les larmes aux yeux, & nous promirent tous leurs fecours en cas que nous ne puffions pas obtenir notre liberté de l'empereur.

La route de Mogodor à Maroc ne fut point pénible; en qualité d'efclaves de l'empereur, on nous donna à chacun une mule, au grand déplaifir des Maures auxquels elles appartenoient. Le roi ne paie jamais, & ces gens furent obligés de nous fuivre à leurs frais jufqu'à Maroc, au-lieu de vendre leurs denrées à Mogodor.

Le Juif, écrivain principal de l'empereur, avoit ordre de pourvoir à nos befoins. Le foir, en arrivant, ce miférable vouloit nous obliger de décharger les chameaux, d'aller chercher le bois, &c....

L'alcaïde, chef de la caravanne, s'en étant apperçu, ordonna aux Maures d'avoir foin de nous : maltraita les Juifs, & ne leur permit de fuivre la caravanne, dont ils profitoient pour la fûreté de

C iv

leurs marchandises, qu'à distance de demi-lieue environ.

Nous arrivâmes à Maroc le 20 juin, sur les deux heures, bien fatigués de la chaleur qui avoit fait périr trois juifs & quatre chameaux. L'alcaïde vouloit à son arrivée nous conduire à l'empereur ; mais ce prince étoit parti le matin à la tête d'une armée de douze mille hommes, pour punir des rebelles qui avoient battu ses lieutenans, & s'étoient réfugiés sur l'Atlas. L'empereur n'étant point à Maroc, on nous confia aux soins des prêtres de la mission espagnole, qui avoient un couvent dans le quartier des Juifs.

Le prieur, rempli de cet orgueil si naturel à sa nation, nous traita avec une fierté insupportable : il nous vanta le bonheur que nous avions d'éprouver les bontés de sa communauté : il nous traita en esclaves plutôt qu'en Chrétiens ; & nous refusa jusqu'aux choses de la premiere nécessité, quoique M. Mure, notre vice-consul, lui eût envoyé les fonds nécessaires à nos besoins.

Heureusement l'absence de l'empereur ne fut pas longue. Sa présence avoit fait rentrer les rebelles dans le devoir : il sut notre arrivée, voulut nous voir aussi-tôt ; ce fut le 28 de juin, que nous eûmes le bonheur de paroître en sa présence. Nous le desirions ardemment, & quel qu'eût été le sort qu'on nous eût réservé, nous l'aurions sans doute préféré à celui de rester avec les très-révérends peres de la mission espagnole.

Lorsque nous parûmes au missoire, l'empereur étoit occupé à faire manœuvrer ses troupes. Il fit aussi-tôt cesser l'exercice, nous fit approcher de sa personne, nous parla avec une bonté de cœur peu attendue, nous interrogea sur les noms des lieux où nous avions été séparés de nos compagnons d'infortune, sur ceux des maîtres à qui ils appartenoient, & nous promit de nous faire passer sous peu en France. Il s'informa de la maniere dont on nous traitoit au couvent ; sur nos plaintes, il nous confia aux soins du Bacha-Kailebès, en le rendant responsable sur sa tête de ce qui pourroit nous arriver.

Nous trouvâmes à Maroc, un novice de notre équipage, qui avoit été pris, par les Arabes errants, pour un homme de grand nom. Ils l'avoient conduit à Teroudan, au fils de l'empereur, qui l'avoit envoyé à son pere. Nous restâmes huit jours dans la ville de Maroc : tous les habitans nous faisoient beaucoup d'amitié. Cette ville est grande, bien peuplée, mais mal bâtie : les maisons en sont peu élevées, & les rues fort étroites. Il y a beaucoup de places où se font les marchés. Nous y allions tous les jours. Esclaves de l'empereur, nous étions pour les Maures des personnes sacrées. Aussi vîmes-nous sans peine tout ce qu'il y avoit de curieux dans la ville. Entre autres choses, nous remarquâmes une tour très-élevée sur laquelle un homme à cheval peu monter. On la découvre de dix lieues, quoique Maroc soit situé dans une plaine.

Le 5 juillet, le Bacha ayant eu ordre de préparer sa troupe, nous parûmes de nouveau devant l'empereur qui nous donna la liberté : nous étions loin de nous y attendre. On parloit de guerre avec les François, la maison de commerce à Mogodor n'arboroit plus le pavillon blanc, l'on disoit que les François vouloient avoir raison de l'insulte faite à M. de Chenier, consul de France, à Salé, que l'empereur avoit chassé de sa présence d'une maniere outrageante. MM. Cabanes & Depras, de Mogodor, faisoient passer en France le plus de fonds qu'ils pouvoient, & M. Royer, de Marseille, venoit de s'embarquer, abandonnant sa maison. Ces raisons, qui paroissoient devoir prolonger notre servitude, furent sans doute celles qui hâterent notre liberté. L'empereur voulut réparer sa faute, ce qui l'engagea à ne point nous retenir plus long-temps ; peut-être notre délivrance fut-elle occasionnée par la reconnoissance : on venoit d'apprendre à Maroc que deux cents Maures avoient été secourus par un navire de Marseille, qu'en vain ces gens s'étoient-ils présentés dans les ports mahométans ou d'Italie, que par-tout on leur avoit refusé les secours dont ils avoient besoin, & qu'ils seroient morts de misere sans l'assistance de ce navire de Marseille ; qu'ils étoient en quarantaine dans cette ville, d'où ils devoient partir au premier moment favorable pour se rendre dans leur patrie. Quoi qu'il en soit, l'empereur nous ayant fait donner à chacun trois piastres fortes de gratification, nous partîmes le cinq, bien montés, ayant pour escorte huit cents hommes d'infanterie, & deux cents hommes de cavalerie.

Les soldats maures avoient soin tous les jours de dresser notre tente près de celle du général. Nous parcourûmes avec cette escorte la plus grande partie des villes de la Barbarie : notre petite armée recevoit par-tout des renforts. Elle fut reçue dans toutes les villes avec honneur : les habitans d'Azimor se distinguerent ; ils vinrent demi-lieue environ à notre rencontre, firent le jeu du feu, &

nous donnèrent le spectacle le plus intéressant de la maniere de combattre des Maures.

Nous trouvâmes en cette ville un capitaine de Marseille, qui s'étoit fait renégat pour se soustraire à cinq cents coups de bâton qu'il devoit recevoir à cause de son naufrage près de cette ville. L'empereur a porté cette loi, car ce prince prétend qu'il n'est pas possible, à moins de le vouloir, d'échouer sur ses côtes. Les capitaines seuls qui viennent en Barbarie, sont exempts de subir cette punition.

Nous séjournâmes devant Azimor où le bacha fit une levée de trois cents hommes : il leur donna à chacun environ dix onces, & ils se mirent en marche avec nous. Nous passâmes, le même jour de la levée des troupes, la riviere des Lions, & campâmes à l'autre bord : nous parcourûmes ensuite la côte, & ne vîmes que les débris des villes de Darzbedda, Montforia, Fœdal & autres qui ne sont plus connues qu'à cause du commerce de grains que l'on y fait.

Arrivés près de Rabate, on dressa le camp : le bacha ayant donné ses ordres, prit une escorte particuliere, & vint nous remettre au gouverneur de la place, qui donna aussi-tôt avis de notre arrivée à M. Mure, vice-consul de France. Ce brave & honnête François vint nous recevoir. Sa surprise fut extrême lorsqu'il sut les honneurs qu'on nous avoit faits dans toutes les villes de la Barbarie. Voulant profiter de momens aussi heureux, & craignant quelque retour de la volonté de l'empereur, il fit préparer les choses nécessaires pour notre voyage, & nous fit partir pour Tanger.

Rabate & Salé sont deux villes qui ne sont séparées que par la riviere. On les confond ordinairement. La principale est Rabate ; le consul françois & le gouverneur y font leur séjour : ces deux villes sont pavées. Nous n'en avions pas encore trouvé qui le fussent. Rabate a de l'eau douce par le moyen d'un aqueduc fait par un ingénieur anglois. La source de cet aqueduc est à deux lieues de la ville. On voit encore dans cette place une tour semblable à celle de Maroc : elle sert aux Saletins, pour découvrir les navires en pleine mer. Salé est un port de Roi : il y avoit en riviere trois bâtimens de 18 canons, & un sur chantier ; telle étoit la plus forte partie des forces navales de cette puissance.

L'escorte qui nous avoit conduits à Rabate, ayant fait une nouvelle levée de troupes, décampa pour aller attaquer Oran ; & nous partîmes le 25 de juillet avec de nouveaux conducteurs. Les mules que M. Mure avoit eu l'attention de nous faire donner, ne furent point en état de faire la route ; nous en laissâmes trois à une petite ville ruinée, distante de vingt lieues environ de Salé, & continuâmes notre route jusqu'à Tanger, presque toujours à pieds. Nous y arrivâmes le 31. Nous étions adressés au consul espagnol, il nous reçut mieux que les peres de la mission. Il montra les ordres de l'empereur au gouverneur de la place, qui nous facilita les moyens de partir pour Cadix.

Le patron de la barque espagnole, qui étoit à Tanger pour traiter des volailles & du grain, mit à la voile sur les sept heures du soir : nous arrivâmes à Cadix vers huit heures du matin : le patron arbora pavillon. Les médecins vinrent nous visiter, & nous envoyerent en quarantaine au Lazaret, situé à deux lieues de Cadix. Nous fûmes trois jours dans cette basque sans pouvoir mettre pied à terre, enfin nous débarquâmes : on nous plaça dans une espece de grange où nous n'étions à l'abri que de la pluie ; le onze, sur les dix heures, on vint nous visiter ; les médecins nous donnerent certificat de santé, & nous partîmes pour Cadix.

M. Boirel, vice-consul de France, nous reçut très-bien, il pourvut à nos besoins les plus urgens, & s'occupa des moyens de nous procurer le plus prompt retour dans les différens lieux de notre naissance. Je m'embarquai le 28 août sur le navire le St. François-de-Sales du port de deux cents tonneaux, capitaine Sénécal de Dunkerque. Notre traversée fut longue & dangereuse. J'eus beaucoup à souffrir dans ce voyage, j'avois très-peu de linge, & j'étois obligé de coucher sur les voiles & cables dans l'entrepont. Nous arrivâmes enfin à Ostende le 11 octobre, après avoir été cinq jours devant le port. Le 12 le capitaine me conduisit à Dunkerque, & me remit au bureau des classes. Le commissaire visita mes passeports & m'expédia le 13. Je partis de Dunkerque le 14, & ayant été obligé par foiblesse de séjourner à Lille, j'arrivai à St. Quentin le 21 du mois d'octobre 1784.

Les diverses digressions qui se trouvent dans ce mémoire ne suffisent pas pour faire naître une idée juste des mœurs & coutumes des pays dont j'ai parlé. J'ai cru qu'il ne seroit pas inutile de donner quelques notions des peuples parmi lesquels j'ai fait quelque séjour.

LE SAARA.

Tout le monde fait que les peuples qui habitent les pays de la Barbarie jufqu'au Niger, font un affemblage de diverfes nations. Les Maures occupent les trois royaumes de Suz, Fez & Maroc. Le Biledulgerid, dans la partie qui baigne l'Océan atlantique, eft habité par les Arabes naturels du pays, & par des Maures fugitifs de l'empire de Maroc; trop éclairés pour refter fous la domination d'un maître qui exerce fur fes peuples un pouvoir abfolu, & qui fait confifter fa fûreté & fon bonheur dans la mifere de fes fujets. Cet affemblage ne forme qu'une même nation connue indiftinctement fous le nom de *Monfelemines*. Le Saara, jufqu'au Niger, renferme diverfes nations errantes; elles fortent toutes d'Arabes, Maures & fugitifs Portugais qui s'y réfugierent lorfque la famille des Chérifs s'empara des trois royaumes de Barbarie. Tous ces peuples du Saara portent indiftinctement les noms de Nars, Maures, ou Arabes. Ils font fubdivifés entr'eux, & les plus confidérables font les Mongearts, Trafarts & Bracnarts. La premiere de ces trois dénominations eft un terme de mépris chez les peuples qui les environnent; fans doute parce que ceux qui les portent, moins faits aux armes que leurs voifins, ne s'occupent pour l'ordinaire que de la garde & de l'entretien de leurs beftiaux; que les Monfelemines, au contraire, quoique pafteurs, font cependant tous guerriers. Ces derniers, accoutumés au meurtre & au pillage, profitent de leur fupériorité & de leur nombre pour écrafer ces peuples, qui ne sont déja que trop malheureux par la stérilité du pays qu'ils habitent. L'âpreté du climat leur sert, il est vrai, de barrieres; mais dans le mois d'août, septembre & octobre, temps de la crue des eaux, obligés de quitter les plaines pour se réfugier sur les montagnes, ils deviennent presque toujours la victime de leurs voisins qui ne se font aucun scrupule de les piller, quoiqu'ils professent la même religion.

On pourroit encore attribuer la cause de la détresse de ces nations à un autre motif; c'est celui de la religion. Lorsque les Chérits s'emparerent des trois royaumes de Barbarie, les Portugais qui occupoient les villes, les évacuerent & se réfugierent dans leur patrie; mais le peuple de la campagne n'eut pas cet avantage. La plupart d'eux, pour conserver leur vie, renoncerent à la religion chrétienne, & furent maintenus dans le pays : ceux qui ne se firent point mahométans, furent impitoyablement égorgés. On se ressouvint malgré le changement de religion que ce peuple avoit été chrétien. Les vainqueurs les accabloient journellement d'insultes; ils pilloient leurs biens, enlevoient leurs femmes, violoient leurs filles, & se portoient envers eux aux cruautés les plus grandes. Ces peuples, pour se soustraire à la tyrannie, se réfugierent dans le Saara, où trouvant quelques hordes malheureuses d'Arabes peu industrieux, ils ne formerent avec eux qu'une seule & même nation. L'habitude de piller ces infortunés s'est transmise de postérité en postérité, & ils n'y sont que trop malheureusement exposés.

Je ne parlerai point ici des *Trasarts* & des

Bracnarts, ainsi que d'autres peuples répandus sur la rive nord du Niger. Ces notions ont trop de rapport avec ce qui regarde le commerce : je me réserve à en parler succinctement lorsque je traiterai des divers peuples Maures & Negres qui font le commerce du Sénégal, dont aucun historien n'a donné de notions sûres.

Il n'est pas possible qu'un peuple toujours errant, toujours fugitif, composé de l'assemblage de diverses nations, qui ne fait pas même un corps distinct & séparé, n'ait adopté une partie des usages & des superstitions de ses voisins, quelle que soit leur maniere de penser, ils n'ont que l'apparence & le nom de Mahométans. On remarque dans leurs coutumes les principes de la loi naturelle, elle est empreinte dans presque toutes leurs actions.

La religion, suivant ce peuple, est le mahométisme dans toute sa pureté. Ils font trois fois le jour la priere, quelquefois plus souvent : elle ne se fait publiquement que lorsqu'il y a dans la horde un prêtre mahométan qui n'y vient ordinairement que pour l'éducation des enfans. Alors tous les Arabes, aux heures de la priere, s'assemblent ; ils se mettent tous sur une même ligne, se tournent vers le levant ; faute d'eau dans le désert, ils se frottent la figure & les bras avec du sable, & le prêtre entonne la priere générale ; c'est la même que le crieur public entonne sur les mosquées, dans les pays civilisés. L'occupation des prêtres est de courir le pays pour instruire les enfans. Cette éducation n'a rien de forcé. On ignore dans le désert la coutume de contraindre les volontés. Les petits garçons le matin s'assemblent

semblent d'eux-mêmes aux lieux d'instruction ; c'est pour eux un endroit de récréation. Ils y vont avec une petite planche sur laquelle sont écrits les caracteres arabes & quelques maximes de l'Alcoran. Les plus grands & les plus instruits reçoivent directement leurs leçons des prêtres, & les communiquent ensuite à leurs compatriotes. Ce sont les enfans qui se montrent à lire les uns aux autres. Jamais on ne les corrige. Ce seroit un crime de battre un enfant, qui, suivant les idées reçues, n'a point assez de raison pour distinguer le bien du mal. Cette opinion engage ces peuples à tenir la même conduite envers ceux qui ont le malheur d'être désavantagés de la nature. Les sourds, les muets & les foux jouissent des mêmes prérogatives : on les regarde comme des êtres si malheureux par leur état, qu'on a une complaisance aveugle pour satisfaire leurs desirs. Cette coutume est invariable chez tous les Mahométans. Il n'existe de différence chez les nations civilisées que sur l'âge auquel l'enfant peut être sujet à la correction. Jamais elle n'a lieu dans le Saara. La nature abandonnée à elle-même & l'exemple sont l'unique éducation d'un peuple égal dans ses principes comme dans ses erreurs. Si l'enfant s'ennuie des exercices publics, il les quitte à sa volonté ; point de contrainte, point de reproches ; il vient s'occuper à garder les troupeaux de son pere : aussi on en trouve fort peu parmi eux qui sachent lire. Ceux qui persévèrent dans l'étude de l'alcoran deviennent prêtres, après avoir subi les épreuves devant les vieillards instruits, & jouissent de toute la considération publique. Ces derniers n'ont pas besoin de bestiaux, ceux de la nation sont les leurs, ils trouvent leur subsistance par-tout.

C'est ordinairement à l'âge de sept à huit ans que l'on fait subir aux enfans l'opération douloureuse de la circoncision. On leur rase aussi la tête, sur laquelle on ne laisse que quatre toupets de cheveux : chaque toupet est abattu dans une assemblée de famille à chaque action remarquable que fait l'enfant. Si à l'âge de 12 à 13 ans il tue un sanglier ou autre bête féroce qui se seroit jettée sur son troupeau, on lui abat un toupet. Si dans le passage d'une riviere il sauve à la nage un chameau qui se laisseroit emporter au courant, on lui en abat un second. S'il tue un lion, un tigre ou un homme de nation ennemie, dans une surprise ou dans une attaque, on le considere comme homme, & on lui rase entièrement la tête. Rarement il parvient à l'âge de vingt ans sans avoir mérité cet honneur; comme ils ont honte d'être traités en enfans, ils s'exposent aux plus grands dangers pour avoir la tête tondue en entier.

Les connoissances du peuple, ses besoins, ses loix étant très-peu de chose, il n'est pas surprenant que les enfants causent avec les hommes, & soutiennent des conversations suivies. L'âge est inutile ainsi que l'expérience, n'ayant pas besoin de beaucoup d'instruction pour être au fait des coutumes de leur nation : de-là viennent cette hardiesse, cette valeur, cette témérité, qui conviennent si bien à l'homme, & qu'aucun peuple ne possede à un si haut degré que ces sauvages.

Dans le Saara on observe l'hospitalité dans toute son étendue. A peine un étranger arrive-t-il devant les tentes, que la premiere personne qui l'apperçoit, lui indique la tente où il doit aller. Si le maître n'y est point, la femme ou l'esclave va à sa rencontre, le fait arrêter à vingt pas de cette tente, & lui apporte une portion de lait pour se rafraîchir. Ensuite on décharge ses chameaux, on arrange ses effets autour de lui, on lui donne une natte dont on se prive, & ce qu'il faut pour se couvrir afin d'être à l'abri des injures de l'air. On prend ses armes, & on les dépose près de celles du maître de la tente, soit pour qu'elles n'aient point à souffrir du serein, soit pour se préserver des mauvaises intentions que pourroit avoir un inconnu. On lui prépare ensuite de quoi manger. S'il n'y a rien à la tente, comme cela arrive souvent, on se procure promptement quelque mets dans les tentes voisines: le voyageur est toujours sûr d'avoir quelque chose, car on se passeroit plutôt de souper, que de ne rien lui donner. C'est une loi générale qui n'est jamais enfreinte. Les devoirs de l'hospitalité sont si grands & si respectés, qu'un ennemi qui auroit blessé ou tué le maître d'une tente, y trouve un asyle sacré & inviolable, quoiqu'il soit environné de ceux qui naturellement doivent le plus desirer sa perte.

La tente du chef est toujours celle que l'on indique. Cet homme qui ne gagne pas plus que les autres, ne pourroit, si la coutume n'y avoit point pourvu, nourrir à ses frais tous les étrangers qui passent vers les tentes de sa horde, ni se nourrir lui-même ainsi que ses esclaves, puisqu'il est toujours occupé pour les affaires de sa horde: toutes les tentes contribuent à former ses provisions. Chaque particulier lui fournit ordinairement par semaine deux livres d'orge moulu; ce qui lui fait un très-grand avantage, sur-tout lorsqu'il ne lui survient pas beaucoup de voyageurs à nourrir. Comme c'est ordinairement le plus riche en bestiaux, que l'on choisit pour chef, il a toujours suffisamment de lait ; mais en cas de besoin on lui en donneroit par-tout.

Différens des autres Arabes leurs voisins, les Mongearts n'inquietent personne sur la religion. La seule qui ne soit pas tolérée parmi eux, c'est la juive ; sans doute à cause des préjugés de leurs ancêtres qui suivoient les coutumes des Portugais. On ne voit point de gens de cette nation chez ce peuple ; & si un Juif avoit le malheur de s'engager sur leurs terres, & d'y être pris, il seroit immanquablement brûlé vif. Il est très-facile de les reconnoître à leurs figures & aux accoutremens distinctifs, qu'ils sont obligés de porter dans toute l'étendue de la Barbarie où ils forment un peuple nombreux.

On rend un respect infini aux vieillards : n'importe de quelle famille ils sont. Ils jouissent des mêmes prérogatives que les prêtres, & sont aussi considérés qu'eux, & que les Arabes qui ont eu le bonheur de visiter le tombeau de Mahomet à la Mecque. Ces derniers sont distingués dans la nation par le terme de *Sidy*, qui signifie maître, pendant que les autres ne portent que le nom distinctif qu'ils ont reçu en naissant. S'il arrive que dans la même famille deux particuliers portent le même nom, on les distingue par celui de leur pere : par exemple, l'empereur de Maroc est distingué de la sorte, son nom propre est Mohammet. Mais comme dans la nation beaucoup de

Maures portent le même nom, & qu'on pourroit le confondre, on le nomme communément *Ben Abdella*.

Les vieillards font ainfi que les chefs de horde les juges de la nation. Ils connoiffent de tous les différends; il n'y a que la peine de mort qu'ils ne peuvent pas prononcer. Il faut pour cet objet une affemblée de plufieurs chefs de la horde; & comme l'accufé a toujours beaucoup d'amis, il eft rare qu'il fubiffe ce châtiment pour les autres caufes. Les vieillards prononcent fans appel, & les décifions font à l'inftant exécutées.

Les guerres de nation à nation font rares : les différentes familles fe détruifent affez par elles-mêmes; cependant lorfque ces peuples font obligés de fe réfugier fur l'Atlas pour paffer la mauvaife faifon, ils fe raffemblent en plus grand nombre qu'ils peuvent, & marchent en ordre; pafteurs ou guerriers (ces termes font fynonymes) tout homme en état de porter les armes les porte, & fe préfente au combat avec valeur; ils fe choififfent des chefs pour les conduire, & leur obéiffent aveuglément. L'expédition finie, le chef n'a plus d'autorité que fur fa horde; car c'eft ordinairement parmi les chefs que l'on choifit les généraux. Dans ces marches, les captifs & les femmes conduifent les troupeaux, & les hommes les fuivent prêts à fe battre. Les cavaliers font à la découverte; & lorfqu'ils apperçoivent quelque chofe, toute la caravanne fait halte, & fe difpofe au combat. Jamais il n'eft fanglant. Si les aggreffeurs font les plus forts, ils fe contentent de piller le bagage : s'ils fe croient moins forts, ils n'attaquent pas. Toutes les nuits on campe;

& pour éviter toute surprise on place des sentinelles en-avant, & ils crient continuellement pour prouver qu'ils ne dorment point. Cette méthode n'est pas bien prudente; mais comme leurs ennemis en usent de même, ils se distinguent de fort loin. J'ai vu avec surprise que les troupes disciplinées de l'empereur de Maroc suivoient le même usage.

La guerre n'est pas le fléau le plus redoutable pour la nation ; car dans les combats il y a toujours peu de sang répandu. Les attaques particulieres font de plus grands ravages. Tout le peuple est voleur ; le vol même est en quelque sorte autorisé par les loix ; il ne s'agit pour le faire impunément que de se mettre à l'abri des poursuites, en ne se laissant point prendre sur le fait ; il est vrai que le vol est puni sévérement de case à case, c'est-à-dire, si un Arabe en vole un autre de sa horde ; mais pour qu'il soit puni il faut qu'on l'apperçoive faisant le vol. Le vol n'est un crime que le jour, la nuit la loi l'autorise ; sans doute pour obliger les naturels à avoir un soin plus particulier de leurs bestiaux. S'ils avoient à se plaindre quand on les vole de nuit, ils se tiendroient moins sur leurs gardes, & leurs troupeaux seroient plus exposés à la voracité des bêtes féroces dont le pays est couvert. Obligés au contraire de se tenir sur leurs gardes, même contre leurs voisins, ils sont toujours prêts à repousser les animaux qui, de temps à autre, viennent attaquer le bétail. Ces raisons sont cause que, sur le soir, les femmes & enfans ont le plus grand soin de mettre sous la tente tous les objets qui peuvent être enlevés. Si quelques-uns de leurs voifins ou amis viennent les visiter, ils les environnent & examinent toutes leurs démarches. La difficulté de prendre, sans être vu, le peu d'objets qu'il y a à enlever, & la punition attachée à ce crime si l'on est surpris, font que le vol est fort rare. Lorsqu'un objet est enlevé, sans qu'on s'en soit apperçu, il appartient au ravisseur; en vain le maître le reconnoîtroit-il dans la tente de son voisin, il ne peut le réclamer; car il cesse d'être à lui du moment où il n'a pas été assez vigilant pour le garder. De-là vient l'inclination de ce peuple pour la rapine; il ne croit pas commettre un crime, & ne suit en cela qu'un usage permis par ses loix.

Souvent lorsqu'un Arabe se rend au marché, ou qu'il en revient, s'il n'a pas eu le plus grand soin de tenir son voyage secret, il est attaqué. Des Arabes voisins veulent profiter de son industrie; & comme il n'y a point dans le pays de personnes en campagne établies pour arrêter les brigands, l'espoir du butin les engage à l'attaquer. Pour n'avoir rien à craindre, ils attendent vers la nuit celui qu'ils veulent dépouiller. Leur projet n'est jamais de tuer; ils tâchent seulement de surprendre, de désarmer & de s'emparer de tout ce qu'on a. Mais quelquefois celui qu'on veut attaquer, & qui connoît les coutumes de son pays, a l'oreille au guet, est sur ses gardes; & au premier mouvement de ceux qui l'attendent, il fait feu sur eux, & se bat ensuite opiniâtrement avec son poignard. Le bruit du coup de fusil attire presque toujours des Arabes voisins, qui, en vertu des loix de l'hospitalité, prennent la défense du plus foible. Ils accourent bien armés, & alors malheur aux aggresseurs, s'ils ne se sont point dérobés par une prompte fuite.

Ils ne portent donc que des poignards, à moins que dans le jour ils n'aient bien reconnu le pays. N'importe qui succombe, l'affaire en reste toujours là. Le mort passe pour l'aggresseur, & jamais les familles ne prennent parti pour obtenir vengeance. On se contente seulement d'enterrer les morts où ils ont été tués, la tête du côté du levant, & on couvre leur tombe de toutes les pierres que l'on peut amasser.

Les chefs de horde sont toujours les aînés des familles. La différence de bien n'y fait rien. Souvent un chef a dans sa horde plusieurs particuliers plus riches que lui, cependant ils lui obéissent en tout. Il est, à proprement parler, leur roi : avec les vieillards il examine leurs différends & juge sans appel. Quant à lui, il ne peut être jugé que par les chefs de plusieurs hordes assemblées. C'est à lui à régler le lieu où l'on doit asseoir les tentes, le moment du départ, ainsi que l'endroit où l'on doit s'arrêter. Si les pâturages ne sont pas suffisans pour les troupeaux de toute la horde, alors elle se sépare, & le chef assigne divers lieux pour les divers campemens. Souvent ils ne sont composés que de sept à huit tentes, suivant la bonté du terrein qu'on rencontre.

La tente du chef est toujours la plus grande & la plus élevée; elle est au centre des divisions. Lorsqu'on a décidé qu'il faut quitter un terrein, ce qui n'arrive que lorsque les pâturages sont épuisés, le chef va choisir un autre endroit. Dans ces sortes de déménagemens, les femmes seules font tout l'ouvrage. Dès le matin elles ploient la tente;

elles chargent tout sur les chameaux : on marche à petits pas, afin de donner aux bestiaux, le temps de paître. Les esclaves negres conduisent les troupeaux, les femmes & les chameaux; & les Arabes sont en-avant répandus dans la campagne pour assurer la marche. Quelques-uns restent en-arriere : s'il s'échappe une chevre, une brebis ou un chameau, ils les rencontrent, les ramenent à la troupe, & l'animal est rendu à son maître. Ordinairement la marche ne dure que cinq à six heures. Souvent il arrive que l'endroit assigné pour placer les tentes, n'a pas été bien reconnu; que peu de temps avant, il y avoit d'autres hordes campées, ce qui fait qu'on est obligé de se remettre en route; & de chercher fortune ailleurs. Cela arrive plus communément dans la saison où les eaux commencent à manquer. Comme il n'y a presque point d'eau dans le Saara, les habitans ont le plus grand soin de faire de grands trous de distance en distance, afin de rassembler les eaux des pluies, qui, toutes corrompues qu'elles soient, sont l'unique boisson que l'on puisse espérer pour les hommes & les bestiaux. Il y a très-peu de bœufs & vaches dans le désert, excepté sur les bords du Niger; la disette d'eau en est cause; car les pâturages ne manquent pas. Les troupeaux des Mongearts ne sont composés que de moutons, chevres & chameaux, animaux qui supportent aisément la soif. Les chevaux sont aussi très-rares dans ces cantons, il n'y a que les possesseurs de nombreux troupeaux, qui puissent en avoir; parce qu'il faut avoir du lait à leur donner à boire, faute d'eau. On a grand soin de conserver l'urine de chameau pour la mêler avec le lait, elle sert aussi pour laver les divers vases dans lesquels on met ce qu'on doit manger. Quelque détestable que soit le lait coupé avec l'urine de chameau, on ne laisse pas cependant d'en user souvent : la faim & la soif assaisonnent tout : *multa facere necessitas cogit.*

Les seuls ouvriers qui soient utiles à la nation, sont les maréchaux ou orfevres, comme il plaira les nommer. Les Mongearts ne sont pas assez laborieux pour s'adonner à ces sortes d'occupation. Ces ouvriers sortent du Biledulgerid, & se répandent dans toutes les parties du Saara. Par-tout où il y a des tentes, ils y trouvent à travailler. Ils sont nourris pour rien, & reçoivent encore le paiement de leurs travaux. Ils font les bijoux de femmes, tels que les boucles d'oreilles & les manilles; ils raccommodent les vases, en y mettant des attaches, & nettoient les armes. On les paie ordinairement en peaux, poils de chevres, de chameaux, ou plumes d'autruches, suivant les conventions. Ceux qui ont de l'argent, leur paient la façon des objets qu'ils travaillent, le dixieme du poids de ces matieres. Rendus dans leur patrie, ces ouvriers vendent ce qu'ils ont, & il leur faut tout au plus quatre ou cinq voyages pour les mettre en état de vivre à leur aise sans quitter davantage leur patrie. Les Mongearts ont cependant besoin d'autres marchandises, telles que des souliers & habillemens, mais ils n'ont point d'artisans de leur nation; ils se font de chétives sandales, & se procurent les autres objets, en allant par caravannes dans le Biledulgerid, ou chez les Trasarts, peuple Maure, habitant la rive nord du Niger. Ils donnent de leurs bestiaux pour ces objets. Ceux qui n'ont que la quantité suffisante de troupeaux pour leur subsistance, se passent de ces marchandises; des peaux de chevres, cousues ensemble, leur servent d'habillemens, & les mettent à l'abri de la rigueur des saisons. Quand ils peuvent se procurer des guinées pour se faire des chemises, ils n'en manquent pas l'occasion, c'est leur plus grande parure. A son défaut ils en mettent une de laine; ils ont de plus un haique, espece de couverture de cinq aunes de long sur cinq quarts de large, & un manteau fait de poils de chevres, pour se garantir en route, & pendant la nuit, de la pluie & du serein. Il y en a peu qui puissent se procurer ce dernier objet; il n'y a que les plus riches, les autres en font avec leurs peaux de chevres: ils s'enveloppent la tête d'un morceau de toile, ou autre chose en forme de turban; il n'y a que les prêtres qui savent lire, ou qui ont fait le voyage de la Mecque, qui suivent cet usage. Ils portent toujours, suspendu à leur cou, un petit sac de cuir, dans lequel ils mettent leur amadou, leur pipe & leur tabac. Leurs poignards sont superbes; le manche toujours noir & garni d'ivoire, la lame recourbée & coupante des deux côtés, la gaîne est en cuivre d'un côté, & en argent de l'autre, & assez bien travaillée. Ils portent des sabres, lorsqu'ils peuvent s'en procurer, & préferent ceux à l'espagnol. Leurs fusils sont toujours bien ornés, la crosse en est très-mince, & garnie de tous côtés d'ivoire; le canon est garni de lames de cuivre ou d'argent, suivant la richesse du particulier. Il est en forme de carabine. La batterie a un ressort qui couvre l'amorce, pour éviter que le fusil vienne à partir contre la volonté de celui qui le porte. Les pauvres qui n'ont point de fusils, portent des poignards faits comme les couteaux flamans à gaîne de cuir; ils s'arment aussi d'un bon bâton, à l'extrêmité duquel ils mettent une espece de coing de fer. De près cette arme est des plus meurtrieres; d'autres portent des sagayes; enfin la premiere richesse d'un Arabe, & son premier desir, c'est d'avoir un beau fusil & un bon poignard. Ils les préferent aux habillemens; car pour se vêtir, ils se couvrent indifféremment de guinées, d'étoffes de laine, ou de peaux de chevres. Les armes étant leur plus grand ornement, ils ont un soin tout particulier de mettre leurs fusils dans des sacs de peau pour les préserver de la rouille, & les conserver en état.

Accoutumés à vivre de laitages & des grains qu'ils se procurent chez leurs voisins, ces peuples sont tout entiers occupés à leurs bestiaux : ils ne cultivent aucuns cantons; & sont si paresseux que l'on ne prépare la nourriture que quand on a faim. Souvent il en manque alors, & on est obligé de se contenter de laitage qui heureusement ne leur manque jamais.

Pendant que les femmes s'occupent du ménage, les negres ou les enfans des Arabes sont à la garde des troupeaux. Ils quittent les tentes sur les neuf à dix heures du matin, & ne reparoissent que sur le soir. Les enfans des Arabes qui n'ont point d'esclaves, ont soin, avant de partir, de prendre de la nourriture. Les femmes seroient battues, si elles n'avoient soin d'y pourvoir. Quant aux esclaves negres, ils partent à jeûn. Il est vrai que quelque sauvage que soit le pays, ils y trouvent des racines, telles que truffes, patates & des fruits rouges du même goût & beaucoup plus petits que les jujubes : on rencontre encore beaucoup d'autres herbes sauvages qui servent de nourriture.

Pour les hommes, ils vont soit aux lieux d'assemblée de plusieurs hordes, soit aux marchés publics où ils se procurent ce qui leur est nécessaire pour leur ménage, soit à la chasse : celle qu'ils aiment le mieux est la chasse de l'autruche, parce qu'elle leur est plus profitable & pour la nourriture & pour le produit. Pour cette chasse il leur faut des cheveaux, il n'y a que les cavaliers qui la fassent. Ils se mettent une vingtaine en chasse, & se portent contre le vent à distance d'un quart de lieu environ les uns des autres. Quand ils apperçoivent l'animal, ils le pressent. L'autruche ne pouvant se servir de ses ailes contre le vent, retourne précipitamment sur ses pas, & évite facilement le premier cavalier. Si son agilité la sauve du second ou troisieme, il lui est impossible d'échapper aux autres. Ils se servent rarement du fusil pour l'abattre; un bâton de deux pieds de long qu'ils lui lancent avec adresse sur le cou, la fait tomber. Ils s'empressent alors de la tuer, lui arrachent les plumes, se les partagent ainsi que la chair, & se retirent chacun dans leur famille, où l'on ne manque pas de se régaler du fruit de la chasse.

Lorsque les Mongearts ont fait quelque butin, soit sur l'ennemi, soit à la chasse, soit dans le commerce, s'étant cotisés ensemble pour quelqu'acquisition, ils font autant de lots qu'ils sont de membres à partager; ensuite pour éviter toute dispute, ils mettent chacun un objet dans le coin d'une pagne, ils remuent ces objets & le premier enfant, la premiere femme ou le premier étranger à leur affaire qui vient à passer, prend tous ces objets, qu'il ne connoît point, & en pose un sur chaque part. Chacun reconnoît son effet : heureux celui qui est le mieux partagé ! Cette maniere simple & naturelle leur fait éviter une infinité d'occasions de disputes. Nos femmes des halles de la Bretagne suivent le même usage, & jamais elles n'ont de différens pour leur partage.

Lorsque les tentes sont séparées par familles pour la plus grande commodité de la pâture pour les troupeaux, les hommes & garçons, petits & grands, s'assemblent au soleil couché, sur une colline la plus commode pour que chacun soit à portée de son troupeau : là ils s'exercent à différens jeux d'adresse, de force ou à la danse. Ils ont ordinairement trois ou quatre musiciens negres, qui avec leur musique sauvage les excitent à la joie. Ils restent à ces assemblées jusques vers minuit qu'ils se rendent tous à leurs tentes pour y prendre le repos. Le vendredi, qui est leur plus grand jour de fête, ils se divertissent toute la journée, plusieurs hordes s'assemblent ces jours-là, ils font des courses de chevaux ; s'exercent aux armes, & montrent à l'envi leur adresse dans ces sortes de jeux publics. C'est dans ces assemblées que l'on distingue la jeunesse qui promet le plus. Elle s'attire l'attention de tous les spectateurs ; & dans les occasions d'état on choisit les plus expérimentés pour veiller à la conservation commune. C'est parmi ces jeunes gens que l'on choisit ceux qui doivent devancer les caravannes lorsqu'on se met en marche dans la saison des pluies.

Les troupeaux forment toute la richesse des Mongearts, aussi ont-ils le plus grand soin de les conserver. S'il arrive qu'un animal soit malade, on met tout en œuvre pour le guérir. Les soins n'y sont point épargnés, on y apporte plus d'attention que pour un homme. Quand absolument on voit qu'il n'y a plus d'espoir de le sauver, alors on le tue & on le mange. Si c'est un chameau, on assemble les voisins qui participent au repas. Si ce n'est qu'une chevre, les habitans de la tente suffisent pour la manger. Un animal mort sans répandre de sang, est impur. Il faut qu'il soit égorgé : celui qui le tue se tourne du côté du levant, & prononce avant de le tuer les premiers mots de la priere générale. Un animal égorgé par un sanglier devient impur; on ne le mange pas quoiqu'il y ait eu du sang répandu, parce que le sanglier lui-même est impur. Cet animal est si nombreux dans le désert qu'il cause plus de dommage que toutes les bêtes féroces ensemble. On le détruit le plus qu'on peut, mais jamais on ne le mange.

Quelles que soient les pertes que fasse un Arabe, jamais on ne l'entend se plaindre; il est au-dessus de la misere, il supporte patiemment la faim, la soif & la fatigue. Son courage dans les événemens, est à toute épreuve. Dieu le veut ainsi, dit-il; cependant on le voit mettre tout en œuvre pour éloigner de lui les malheurs; & souvent il s'expose aux plus grands dangers, pour se procurer des choses de pure fantaisie.

Lorsqu'un pere de famille meurt, tous les objets de sa tente sont enlevés par le premier des enfans qui se trouve à son décès. S'il y a de l'argent, de l'or, des bijoux, tout disparoît, & les autres enfans éloignés n'ont à partager que les bestiaux & les esclaves, le tout par portion égale. Les filles ne participent point au partage, elles se retirent chez leur frere aîné. Si le défunt laisse des enfans en bas âge, la mere se retire avec ses enfans chez sa sœur, si elle en a une de mariée, ou chez sa mere. Les possessions du défunt ne se perdent point, le chef de la horde en prend soin, & les remet par portion égale aux propriétaires, lorsqu'ils sont en âge de pourvoir par eux-mêmes à la conservation de leurs biens. Si l'Arabe meurt sans enfans mâle, sa femme se retire chez ses parens, & c'est le frere du défunt qui hérite.

Les femmes sont bien plus considérées chez les Mongearts que chez les peuples voisins. Elles y sont cependant dans une espece de sujétion qui approche beaucoup de l'esclavage. Ce sont elles qui sont obligées de préparer la nourriture, filer les laines de chameau & de chevre pour former les tentes, traire les bestiaux, ramasser le bois nécessaire pour la nuit ; & lorsque l'heure du repas est arrivée, c'est-à-dire au soleil couché, elles servent leurs maris. Tous les hommes libres ou esclaves de la même religion mangent ensemble, leurs restes servent pour les femmes qui mangent après eux. Celles qui ont des esclaves négresses restent toujours oisives, elles n'ont dans ce cas qu'à commander : la plus grande partie est de ce genre ; il n'y a que les ménages qui ont essuyé des pertes qui n'ont point de négresses, ce qui fait que les femmes sont presque toujours à rien faire.

Quoique la poligamie soit autorisée par la religion, on voit cependant peu d'Arabes avoir plus d'une d'une femme. Ils la répudient, il est vrai, à volonté lorsqu'elle ne leur donne point de garçons, mais alors elle est libre de vivre avec un autre homme. Si au contraire elle a le bonheur d'avoir un ou plusieurs garçons, son mari la considere au-delà de toute expression. Il n'y a plus dans ce cas de divorce à craindre, elle a une autorité absolue dans la tente, elle ne s'occupe alors que de causer, dormir ou danser à sa volonté. Des négresses captives font toute sa besogne, ces dernieres ne sont plus aidées dans leurs travaux par l'épouse de l'Arabe, qui, au contraire, les commande avec arrogance & dureté.

Quand une femme ne plaît pas à son mari, ou que celui-ci lui déplaît, ils peuvent se séparer. La formalité dans ce cas est que la femme se retire chez ses parens. Si le mari est attaché à sa femme, il va la chercher, mais si elle s'opiniâtre à ne point vouloir retourner avec lui, elle est libre, & peut se marier avec un autre à sa volonté. Si cependant elle avoit eu un enfant, sur-tout un garçon, elle ne pourroit le faire; dans ce cas sa retraite de plus de huit jours chez ses parens, pourroit être punie de mort. Lorsqu'un homme bat sa femme, c'est une preuve certaine qu'il lui est sincérement attaché, & qu'il ne veut pas se séparer d'elle; s'il se contente de lui faire des reproches, la femme se croit méprisée, & se retire infailliblement chez ses parens. De-là vient que dans les disputes les plus légeres les femmes sont accablées de coups; elle les préferent aux plaintes que leurs maris feroient à leurs parens, & ce moyen est la preuve la plus sûre de l'amour d'un homme envers sa femme. Quand les filles se marient, elles se préparent à ce traitement, qui leur paroît plus supportable que les humiliations qu'elles auroient à essuyer de leur famille, si le mari y portoit ses plaintes.

La femme n'apporte rien en dot à son mari. Lorsqu'un Mongeart veut entrer en ménage, il choisit parmi les filles celle qui lui plaît le plus, & la demande au pere sans autre formalité; celui-ci ne peut le refuser, à moins que le postulant n'ait fait quelque chose de contraire aux loix de la nation. La fille accordée est conduite par les parens à la tente du prétendu, où il y a toujours un grand repas pour la cérémonie : le pere reçoit des présens. Si le gendre est pauvre, la famille de la femme le soutient & lui facilite les moyens d'augmenter ses troupeaux; si au contraire il est riche, & que le pere de la femme soit pauvre, il soutient toute sa famille chez lui. Le mari fait toujours présent à sa femme d'habillemens & de bijoux : ces habillemens consistent en étoffes de laine rouge & blanche, en colliers d'ambre, de corail, ou de verroterie, en miroir, boîte de gérofle, ciseaux & autres menus objets de peu de valeur. On connoît l'étendue de la fortune du particulier à la richesse des présens.

Les femmes sont d'une fidélité à toute épreuve : différentes dans leurs opinions de tous les autres mahométans, elles se croient immortelles comme les hommes; mais elles ne se flattent de pouvoir prétendre au bonheur de l'autre vie qu'autant qu'elles auront été fidelles à leurs maris. Si elles manquoient à ce devoir, elles pensent qu'elles seroient éternellement esclaves de leurs compagnes, sans jamais participer à leur bonheur.

Souvent elles se visitent les unes les autres. L'honneur dans ces sortes d'occasions consiste à laisser faire tout l'ouvrage de la tente à celle qui vient voir sa parente ou son amie. La nouvelle arrivée s'empare du ménage, prépare la nourriture, bat le beurre, & s'occupe continuellement pendant que son amie l'entretient des diverses affaires de la famille ou de la nation. On juge de la réception à l'étendue de l'ouvrage qu'on laisse faire à la personne qui visite. Cette personne prépare ordinairement une fois plus de nourriture que de coutume, ce qui fait que l'Arabe invite ses voisins à venir prendre leur part au repas. Les esclaves sont toujours contens de ces sortes de rencontre; car alors on leur donne davantage à manger. C'est à la nouvelle venue à faire les honneurs, & elle ne veut pas que personne soit mécontent d'elle.

Comme ni l'un ni l'autre sexe ne porte de linge, & que, faute d'eau, ils ne peuvent laver souvent leurs habillemens, ils sont couverts de vermine. Pour n'en point sentir l'incommodité, & se délivrer des morsures des marangoins, ils se frottent le corps de beurre ou de graisse; la plus rance est toujours préférée. Cela leur donne une odeur infecte à laquelle on ne peut s'accoutumer que par une longue habitude. Les négresses surtout qui sentent mauvais naturellement, exhalent une odeur capable d'incommoder les hommes les moins délicats; & j'aimois mieux, malgré la connoissance que j'avois du pays, coucher à l'injure de l'air, que de rester dans une tente où il y avoit une négresse.

Il faut qu'un Arabe soit bien pauvre pour ne

point avoir au moins un negre captif. Ces derniers ne font occupés qu'à la garde des troupeaux : c'eſt leur ſeul & unique emploi. Jamais ils ne vont à la guerre. Ils peuvent ſe marier. Leurs femmes qui font des captives négreſſes, font le ménage, & font traitées durement des femmes arabes & des Arabes même. Si elles ont des enfans, ils font captifs comme elles. On les emploie à tout. Dans l'enfance, les petits negres peuvent aller aux écoles publiques : ils participent à tous les amuſemens des petits Arabes ; mais lorſqu'ils font des fautes, ils font punis rigoureuſement : & ces peuples qui ont une complaiſance ſi aveugle pour leurs enfans, parce qu'ils ne leur ſuppoſent point aſſez de connoiſſances, n'ont aucunes conſidérations pour ceux des negres, qu'ils traitent avec une brutalité ſans égale. S'il arrive qu'un Arabe ait un garçon d'une négreſſe, la femme eſt mieux traitée, ſans ceſſer cependant d'être captive. Son enfant eſt élevé comme les autres Arabes : il a le grade de citoyen, & eſt libre comme eux.

Lorſque le maître d'une tente a un eſclave chrétien, ce qui n'arrive que lorſqu'il y a des naufrages, cet eſclave paſſe avant le negre, quoique ce dernier ſoit mahométan. On le nourrit à part, & ſa nouriture eſt priſe ſur la générale ; & s'il en reſte, ce qui ne peut arriver qu'aux jours de cérémonies, les femmes ni même les eſclaves négreſſes n'y touchent point : elles portent le ſcrupule juſqu'à ne point ſe ſervir de tout ce qui a touché la nourriture du Chrétien. Quant à leurs occupations, j'en ai aſſez parlé dans la relation de mon naufrage.

Si le Chrétien eſt un enfant, il eſt traité comme

les enfans même de la nation, on ne l'occupe à rien, il fait à sa volonté; & le Maure qui auroit la témérité de le battre, courroit risque de la vie. Nos mousses n'eurent point à souffrir dans leur esclavage, jamais on ne leur commandoit rien, ils faisoient ce qu'ils vouloient; & quand les hordes se mettoient en route, les femmes avoient le plus grand soin de les faire monter sur les chameaux, crainte de les fatiguer.

Malgré la misere que l'on éprouve dans ce pays, il est encore heureux d'être François ou Anglois, lorsque l'on fait naufrage. Peu de temps avant nous, une barque espagnole eut le malheur de faire côte près de l'endroit où nous nous perdîmes; il y avoit quatorze hommes & deux femmes. Reconnus pour être des isles Canaries, ils furent tous égorgés sans pitié, à l'exception des femmes qui furent réservées pour être vendues à Maroc. Ce n'est pas sans raison que les Mongearts en agissent de la sorte avec les habitans des Canaries, & même avec tous les Espagnols : On nous apprit dans la suite que la cause de la haine de ces peuples venoit de ce que les habitans des Canaries font de temps à autre des descentes sur ces côtes, & qu'ils enlevent tout ce qu'ils rencontrent, hommes, femmes & bestiaux. Ces peuples ignorent ce qu'on fait de leurs compatriotes, & immolent sans pitié tous ceux de ces nations qui ont le malheur de tomber entre leurs mains; au contraire, ils traitent de leur mieux (& c'est encore bien mal) les François & les Anglois. Ils connoissent ces deux nations par le commerce qu'elles font le long du Niger & dans toutes les villes soumises à la domination de l'empereur de Maroc.

La médecine est presque inconnue parmi ce peuple : les prêtres seuls sont les dépositaires des secrets de ce grand art. Leurs remedes généraux pour les maladies internes, sont la diete, le repos, & quelques maximes de l'alcoran que le prêtre applique avec mystere sur la partie malade. Pour le mal de tête, ils se la serrent extraordinairement, jusqu'au point même de faire sortir du sang sur le front au-dessus du nez. Pour les plaies, ils se servent du feu, c'est-à-dire, qu'un coup de poignard se guérit en brûlant l'endroit offensé avec des lames de couteau que l'on fait rougir au feu. On y met ensuite de l'huile de tortue chaude & du goudron ; on enveloppe la plaie avec des herbes connues, & par ce moyen ils se procurent une prompte guérison.

Le pays est plein de gazelles, sangliers, lions, tigres, singes & serpens. Les plus dangereux de ces animaux sont les serpens & les tigres. La peau du tigre se vend avec avantage : celles des serpens se conservent avec soin ; elles servent dit-on à fortifier la vue que l'on perd facilement dans ce pays, étant obligé de coucher aux injures de l'air. On se met sur les yeux un bandeau de cette peau, & on ne tarde pas à se trouver soulagé ; un de nos matelots fut guéri en trois jours, faisant route pour venir à Tanger. Le scorpion porte avec lui son contre-poison : il suffit de l'écraser sur la plaie lorsqu'on en est piqué, autrement pour éviter la mort, il faudroit, sous peu de temps, couper la partie attaquée, le venin ne tardant point à se communiquer. Les serpens sont très-communs dans le désert, mais on y voit peu de scorpions : ces derniers se plaisent dans les vieilles masures, &

font nombreux dans les villes abandonnées. Les sangliers causent de très-grands ravages. Ils se jettent souvent sur les troupeaux de chevres; mais comme les Mongearts sont toujours armés, soit de fusils ou autrement, ils en détruisent beaucoup, & tâchent de les éloigner le plus qu'ils peuvent de leurs habitations.

Dans le désert le sol est inculte & presque partout aride, on rencontre fort peu d'arbres, le pays est seulement couvert de broussailles : on voit cependant de temps en temps des palmiers & dattiers, mais ils sont très-rares. On rencontre aussi de très-belles plaines qui pourroient être cultivées, mais trois raisons font qu'elles ne le sont pas. La premiere vient de la maniere de vivre des habitans qui se contentent des laitages qu'ils ont toujours en abondance; la seconde, de la vie errante de ces peuples qui n'adoptent aucuns cantons, & qui s'éloignent souvent des endroits qu'ils habitent pour n'y reparoître jamais; la troisieme qui est la plus solide, c'est que dans la crue des eaux ils sont obligés de quitter les plaines, pour se réfugier sur les montagnes; & qu'étant obligés de se porter tantôt d'un côté, tantôt d'un autre, ils pourroient ne pas avoir le temps de récolter, & perdre par ce moyen le fruit de leurs travaux. Les sables volans s'opposent encore à toute culture. Ces sables infiniment légers forment de hautes montagnes, & se déplacent souvent : ce qu'il y a de particulier, c'est que ces sables se forment en buttes de distance en distance, comme si on les plaçoit exprès avec beaucoup de travail. Ils sont une des plus grandes incommodités du pays. Lorsque le vent commence à en remplir l'air, on décampe sans tarder, on charge les chameaux, & on s'enfuit le vent au dos; sans cette sage précaution, il ne faudroit pas plus d'une nuit pour avoir plus de cinquante pieds de sable sur la tête.

Toutes ces coutumes sont presque générales chez les Trassarts & Bracnarts, peuples qui habitent la rive nord du Niger. Ces derniers ne different que dans quelques coutumes peu importantes qui viennent de leur communication avec les negres dont ils ne sont séparés que par le fleuve, & dans ce que le commerce exige d'eux. Ces coutumes sont également générales dans le Biledulgerid & les états dépendans de l'empereur de Maroc; c'est pourquoi en parlant des peuples qui habitent ces diverses contrées, je ne m'étendrai que sur les objets qui ne sont point pratiqués chez les Mongearts. Il ne me reste plus qu'à observer que toutes ces nations se disent & se croient n'en faire qu'une. On les appelle indistinctement Arabes ou Maures. Dans le désert ils sont flattés quand on les nomme Monselemines. Il semble que ce nom leur fasse honneur; & ils aiment à le porter, quoique les vrais Monselemines soient leurs plus cruels ennemis.

LE BILEDULGERID.

Le *lulgerid*, dans la partie que j'ai parcourue, est habité par un peuple connu sous le nom général de *Monselemines*. Il differe dans sa religion & dans ses coutumes des Maures ses voisins, & des Mongearts habitans du désert. Cette variation n'est cependant presque pas sensible. Les parties limitrophes des habitans de Maroc suivent, excepté en un seul point, toutes les coutumes de cet empire. Ceux qui avoisinent le désert, & qui ne s'adonnent point au commerce, tiennent plus aux préjugés de la nation. Ce peuple arabe tire sans doute son origine & son nom des sectateurs de Moseilama, contemporain du grand prophête. Ils ont pour la liberté ce même amour des anciens Arabes, & suivent en tous points les coutumes des peuples de ces temps reculés. Ils ont, comme tous les Mahométans, le respect le plus grand pour le prophête; mais ils sont loin de croire que ce prophête ait été infaillible, & que les descendans de sa famille sont tous inspirés de Dieu; que leurs volontés sont des loix; & qu'on ne peut être bon Mahométan sans suivre de telles idées.

Ce peuple, dans la partie que baigne l'Océan Atlantique, occupe une étendue de terrein de différentes qualités, depuis vingt lieues environ de Sainte-Croix de Barbarie, jusqu'à trente lieues au-dessus du cap de *Nun*. La limite des possessions est indiquée par de hautes colonnes placées de distance en distance du côté du désert. Ils ont pu les placer à volonté, les habitans du désert ne s'y sont jamais opposés; ils habitent même les lieux où se trouvent ces colonnes, sans que personne les inquiette. Il en est qui prétendent que ces colonnes ont été placées par les empereurs de Maroc, pour indiquer la limite de leur empire. Quoi qu'il en soit, ce pays est habité par les Monselemines qui sont un assemblage d'Arabes véritables, descendus des anciens Arabes & de Maures fugitifs de l'empire de Maroc.

Le gouvernement est républicain ; ils se défendent avec beaucoup de courage, se choisissent tous les ans de nouveaux chefs, & passent pour invincibles aux yeux des Maures, tant par la difficulté de pénétrer dans leur pays, tout environné de montagnes arides & escarpées, que par leur courage dans les diverses attaques, & leur opiniâtreté à résister aux efforts de leurs ennemis.

Cette nation, plus civilisée que celles qui habitent le désert, n'erre pas toujours de campagne en campagne ; elle occupe des bourgades, qui toutes sont situées sur le penchant des montagnes. Leurs maisons sont bâties en pierre & en terre : ils les forment à la maniere des Maures. Elles sont peu élevées & couvertes de terrasses qui vont en pente pour l'écoulement des eaux. Les pluies abondantes, qui regnent dans ce pays pendant environ trois mois de l'année, nuisent beaucoup à ce genre d'habitations ; ce qui fait qu'ils sont obligés, tous les 15 à 20 ans, de changer de demeure. Les riches & les artisans habitent ces bourgades, ainsi que les Juifs qui s'occupent à divers travaux. Les Monselemines ont des mosquées où ils s'assemblent le vendredi pour la priere. Quoique ce jour soit consacré aux offices, il ne les empêche pas de travailler. 'est leur jour de marché principal, les habitans des campagnes & les Arabes du désert s'y rendent pour le commerce. Il y a des places publiques pour la vente des marchandises, les habitans seuls ont de petites boutiques où ils font porter leurs marchandises. Quant aux autres, ils les exposent tout simplement sur la place. S'il survient des différends, les vieillards jugent fans appel, & les procès font terminés fur le champ.

Plus induſtrieuſe & plus laborieuſe que ſes voiſins, la nation monſelemine cultive la terre. Le chef de chaque famille va choiſir le terrein qui lui paroît le plus propre, on laboure légérement la ſurface de la terre avec des eſpeces de houlettes, puis on enſemence. On a ſoin d'environner le champ de brouſſailles, pour indiquer le lieu qui a été cultivé, & pour que les habitans errans empêchent leurs beſtiaux d'y entrer. La récolte ſe fait trois mois après les ſemailles, c'eſt ordinairement à la fin de mars: ils coupent leurs grains à ſix pouces environ de l'épi, & en forment de petits paquets. Tout le monde travaille alors du matin au ſoir ſans interruption. On apporte le grain devant la tente, & on le bat à grands coups de bâton, puis on le vanne & on le met en réſerve; la moiſſon faite, on met le feu à la paille reſtante ſur pied, & le champ eſt abandonné pour deux ou trois ans.

Le ir méthode pour conſerver le grain eſt tout-à-fait ſemblable à celle des habitans de la Barbarie. Ils font pour cet effet un grand trou en terre, ayant la forme d'un cône tronqué, ils l'empliſſent de bois & y mettent le feu; cette opération faite, ils nettoient la foſſe & y mettent leurs grains à demi-vannés; puis ils prennent de forts madriers qu'ils poſent près les uns des autres, & recouvrent le tout de terre. Par ce moyen en temps de guerre on ne peut leur couper les vivres, l'ennemi marchant ſans le ſavoir ſur des monceaux de grains.

Les habitans des plaines s'arrêtent dans le temps

des femailles, & reviennent au temps de la récolte : chacun reconnoît le champ qu'il a cultivé, & en fait la dépouille. Lorsqu'elle est faite, ils la mettent en réserve comme je viens de le dire, & vont courir de tous les côtés avec leurs bestiaux, emportant seulement le nécessaire. Lorsque l'on se voit près de manquer de grains, plusieurs particuliers biens armés, partent avec leurs chameaux, & vont aux magasins de la horde chercher la provision. Chacun a sa répartition suivant qu'il a employé d'hommes au travail commun.

L'hospitalité est générale parmi les peuples errans. On l'observe comme dans le Saara : les voyageurs sont nourris par-tout sans payer. Il n'en est pas de même aux bourgades, la multitude d'étrangers qu'y attirent les marchés, oblige de faire payer la nourriture. Sans cela les habitans des bourgades seroient toujours les plus pauvres, puisqu'ils auroient à nourrir une infinité de curieux les jours de marché & d'assemblées. Quant au gîte, l'Arabe des campagnes couche sur les terrasses, toujours à l'injure de l'air : les particuliers des habitations ne permettent l'entrée de leurs maisons qu'à leurs parens, amis ou chefs de horde. Les negres esclaves de ces habitations examinent avec soin le nombre des personnes qui demandent des vivres, on leur en donne à la porte selon leur nombre, & on y ajoute une suffisante quantité d'eau pour les défaltérer. On a une cour séparée pour les chevaux ; mais à moins que les maîtres ne passent la nuit, on ne leur donne rien. Dans ce cas on distribue à chaque cheval environ trois livres d'orge à la fin du jour, & c'est là tout ce qu'ils ont pour la journée. Je me suis étendu sur cet article, parce que j'ai vu plusieurs fois tout cela quand je demeurois chez *Hali-Laze*, où tous les habitans des campagnes venoient manger.

Ceux qui habitent les bourgades n'ont point ordinairement de bestiaux, mais un métier, tel que tisserand, cordonnier, orfevre, potier de terre, &c. Les principaux cependant ne se livrent à aucune de ces occupations. Ils ont beaucoup de vaches, chevaux, chameaux, moutons, chevres & toute sorte de volaille; leurs negres esclaves ont beaucoup d'ouvrage, & sont menés durement. Ceux qui vont à la garde des bestiaux, sont sans contredit les plus heureux; mais ceux qu'on réserve pour les occupations de la maison, ont beaucoup de peine. Il faut qu'ils aient soin des réparations des bâtimens, qu'ils fournissent la maison d'eau, de bois, & qu'ils préparent le grain, les négresses le mettent en poudre, & se servent pour cela de moulins de pierre, semblables à ceux qui servent en France pour moudre le poivre ou la moutarde; elles préparent les mets, & sont sans relâche occupées du matin au soir. Le negre pasteur, au contraire, n'a soin que de son troupeau : il trouve toujours sa nourriture prête : il est bien vêtu, bien armé; & a une petite retraite pour lui & pour sa famille.

Ce pays est très-peuplé, & le seroit encore davantage sans les guerres continuelles que ses habitans ont à soutenir contre l'empereur de Maroc. On dit improprement que cette nation est rebelle à l'empereur, car jamais elle ne lui a été soumise. Lorsqu'une armée mauresque se met en marche, les habitans du Biledulgerid, qui ont de leurs concitoyens établis dans les états de

Maroc, en sont aussi-tôt instruits par eux, se tiennent sur leurs gardes; & tous les habitans des campagnes étant bien montés, ils forment des corps de cavalerie redoutables, s'emparent des défilés, & massacrent sans pitié les troupes qui ont la témérité de s'y engager. On ne fait point de prisonniers de part ni d'autre. Les femmes & les captifs, escortés par un nombre suffisant de guerriers pour les défendre, quittent leurs habitations, & se retirent dans l'intérieur des terres. Quelquefois même ils se portent jusques dans le désert. La liberté dont ce peuple jouit, lui fait supporter les fatigues les plus grandes. Il regarde ce bien comme supérieur à tout, & combat jusqu'à la mort pour conserver ses droits. Le commerce dont il est seul possesseur pour communiquer de la Barbarie avec le Saara, l'enrichit considérablement. Aussi se soutient-il toujours avec avantage; comme ce pays est la retraite des riches Maures qui veulent se soustraire à la domination tyranique de l'empereur, ils en ont beaucoup parmi eux qui, instruits des coutumes des Maures, les mettent, par leurs conseils à l'abri de toute surprise. Ces fugitifs ne peuvent point les trahir, ce sont ceux qui ont été pillés ou condamnés à mort dans leur patrie. Ils se battent toujours avec opiniâtreté; & aiment mieux périr les armes à la main que de se laisser prendre, pour mourir dans les supplices à la vue d'un peuple entier.

Le *Monselemine*, plus riche qu'aucun des peuples qui habitent les provinces soumises à la domination de Maroc, est toujours bien vêtu, bien armé. Il ne paie aucun tribut, profite du fruit de son travail & de son commerce, & n'a aucune charge pour l'état; tout ce qu'il peut acquérir est à lui. Il y a cette différence entre les Maures fugitifs & les naturels, que ces derniers sont toujours armés, soit qu'ils habitent les campagnes, soit qu'ils viennent aux marchés, soit qu'ils se trouvent aux assemblées de la nation, ou qu'ils se visitent; les Maures fugitifs, au contraire, quand ils seroient des princes, ne portent des armes qu'en campagne & à la guerre.

Les femmes ne sont pas plus esclaves que celles du Saara, celles des bourgs vivent dans des especes de serrail; chaque homme en a autant qu'il peut en nourrir. Les plus considérées sont toujours celles qui leur donnent des garçons. Quoiqu'elles aient une demeure séparée des hommes, cependant il n'est point défendu de pénétrer chez elles. On peut les voir; les maris ne sont point jaloux; elles sont bien vêtues, peuvent sortir dans la ville & aller voir leurs amis. Quand elles sortent, elles ont un voile qui les couvre entiérement. Ce voile leur est assez inutile pour ne pas dire gênant, puisqu'elles l'ôtent quand elles rencontrent quelqu'un à qui elles veulent parler. Elles sont plus humaines que celles du Saara, & ne sont point comme ces dernieres exposées aux coups de bâton. Elles pensent que leurs maris peuvent les aimer sans les battre. Elles se peignent les ongles & la figure de rouge & de jaune, & bordent de noir leurs paupieres. Lorsqu'elles ne se peignent qu'un côté de la figure, elles n'ont point de communication avec les hommes. Cette derniere coutume est commune à toutes ces nations, même sur les bords du Niger.

Les enfans sont élevés avec le plus grand soin ; on les envoie de bonne-heure ; ils n'ont point de preuves de courage à donner pour être hommes, comme dans le Saara. L'âge seul, leur adresse à manier un cheval & les armes, leur travail dans le temps des moissons suffisent. Quand ils se marient, on leur donne une dot qui consiste en habillemens, armes, bestiaux ; ils deviennent ensuite ce que leur industrie, ou les occasions leur permettent de devenir. Ceux qui sont instruits de la religion se font prêtres ; ils se marient également & s'adonnent à tous les exercices de leurs compatriotes. Ils sont plus respectés & deviennent, dans leur vieillesse, les juges de la nation. S'ils ont des malheurs, on les soutient, au-lieu que ceux qui ne sont point prêtres, ne tirent leurs ressources que de leur industrie, du pillage qu'ils se permettent sur les terres des Maures, leurs voisins, ou du profit des caravanes.

Les cavaliers sont plus considérés que les autres ; ils n'ont pour tout état que les armes ; toujours en activité, soit en paix, soit en guerre. A la guerre, ils se comportent avec courage ; en temps de paix, ils s'exercent entr'eux à manier leurs chevaux, & à diverses évolutions militaires ; ils escortent les caravanes dont ils reçoivent le paiement ; ils se montent & s'entretiennent à leurs dépens. Ils sont faciles à reconnoître, car étant presque toujours à cheval, il ont un calus sur le gros de la jambe, à l'endroit du fer de l'étrier, ne portant jamais de bottes. Ces gens sont les voleurs les plus redoutables qu'il y ait ; ils fondent avec une rapidité sans égale sur ceux qu'ils veulent piller ; on n'a point le temps de se mettre

en

en défence ; & ils enlevent tout ce qu'ils rencontrent avant qu'on se soit mis en état de les repousser. Leurs chevaux sont les meilleurs qui existent ; ils les dressent d'une maniere admirable, & sont toujours en état de pourvoir à leurs besoins. Ils les ménagent avec le plus grand soin ; ces animaux connoissent leurs maîtres, sont dociles à leurs voix, & sont indomptables pour tout autre.

Les chefs, en temps de guerre, sont choisis indistinctement parmi les Maures fugitifs, ou parmi la nation. Son autorité ne dure que la campagne ; elle est absolue pendant tout le temps de son commandement. Le temps expiré, il rend compte de ses actions aux vieillards assemblés ; on le récompense, ou on le punit, suivant ses succès ou sa conduite ; on lui donne un successeur, & il sert dans l'armée, rentrant dans la classe des autres particuliers.

Ces peuples ont un chef général de la religion. Le respect qu'ils lui portent approche de l'adoration. On le nomme *Sidy Mohammet Moussa* ; sa demeure ordinaire est à 15 lieues environ du cap de Nun, près de la ville nommée *Illeric*. Cet homme, sans troupes à ses ordres, est cependant le plus puissant de toute l'Afrique ; son autorité est sans bornes. S'il ordonne la guerre contre l'empereur de Maroc, il est obéi. La guerre cesse quand il le veut. Sans possessions particulieres, il a tout en son pouvoir. Chaque famille lui fait tous les ans un présent ; elles s'efforcent à l'envi de le rendre considérable. Il rend justice à tout le monde ; il soumet les accusations à son conseil, & quelques jours après prononce définitivement. Il n'exige rien de personne, & tout

F.

le monde lui donne. Différent dans ses principes & sa conduite de l'empereur de Maroc, il ne se dit pas inspiré du prophête; il n'a point l'audace de le faire croire à ses peuples; il écoute au contraire les avis des sages, & ne rend ses jugemens que sur leurs opinions. Sa domination s'étend sur tous les peuples du Biledulgerid & du Saara. Les Maures mêmes le respectent; & l'empereur, tout puissant qu'il est, n'a jamais osé attenter à l'autorité de cet homme, ni faire marcher ses troupes vers le lieu qu'il habite. Cela devroit lui prouver que l'autorité puisée dans l'amour des peuples est mille fois plus grande que celle que donne la terreur ou la force des armes.

Les Juifs, répandus dans tous le pays, n'occupent que les bourgades; ils ne cultivent point la terre, quoiqu'il y en ait beaucoup qui reste inculte; ils s'adonnent tous au commerce, travaillent à divers objets, & sont obligés d'acheter tout ce qui est nécessaire à la vie. Ce peuple, chez les Monselemines, est ce que l'esclave est en Barbarie. On le fait travailler à volonté, il ne lui reste pas même la liberté de se plaindre. Jamais il ne porte d'armes; s'il avoit le malheur d'en porter & de se défendre contre un Arabe, il seroit puni de mort. Sa famille même ne seroit point à l'abri de la vengeance. On lui laisse le libre exercice de sa religion; ce motif & l'avarice qui se perpétue de races en races chez cette nation errante lui fait souffrir toutes les indignités qui révoltent les hommes les moins sensibles.

Différens des Mongearts & des Maures leurs voisins, les Monselemines ne cherchent point à faire des prosélites. Quand ils ont un esclave chrétien, ils le traitent humainement; ils ne le laissent manquer de rien, & n'exigent de lui aucun travail pénible. L'argent, qui est leur premiere idole, leur fait avoir ces ménagemens. Ils détestent les Chrétiens, mais aiment l'argent, & craindroient, en maltraitant leurs esclaves, de les faire tomber malades & de les perdre, ce qui leur enleveroit la rançon qu'ils esperent; c'est à l'argent que les Chrétiens, qui ont le malheur de tomber dans ce pays, doivent le peu de douceur qu'ils y goûtent.

Chez les Mongearts, un Chrétien qui chanteroit la priere & se feroit circoncire, auroit la liberté & le rang de citoyen; & la famille, à laquelle il auroit appartenu, lui donneroit des bestiaux pour vivre avec eux & comme eux. A Maroc, un Chrétien qui auroit la curiosité d'entrer dans une mosquée, seroit mis à mort, ou contraint de se faire Mahométan. Chez les Monselemines, il n'a rien à craindre; l'argent l'emporte sur la religion; on se contenteroit de le faire sortir sans même le frapper; mais on le feroit payer autant que ses moyens le lui permettroient.

Chez les Maures, un Chrétien, surpris avec une femme de la nation, est contraint de se faire Mahométan pour éviter la mort; mais chez ce peuple on punit seulement la femme, en la mettant dans un sac & la jettant dans la mer; le Chrétien n'a rien à craindre, l'argent est son sauveur.

Si dans une dispute l'esclave Chrétien se défend contre son maître, ce crime est puni de mort chez les peuples voisins; mais il reste impuni chez les Monselemines, ou tout au plus corrigé par quelques coups de bâtons, l'argent efpéré pour la rançon le met à l'abri : c'eft la pierre de touche à toutes les épreuves.

Si un Arabe tue un Juif, ou un homme de fa nation, une légere amende pécuniaire envers la famille du Juif le fauve, mais il eft contraint de donner une forte fomme à la famille de l'Arabe. Cette foif infatiable d'argent eft d'autant plus inconcevable, que les habitans de ces contrées n'en font prefque point ufage ; ils l'amaffent avec foin, & fe privent fouvent du néceffaire, plutôt que de dépenfer la plus petite piece de monnoie. Quand un pere de famille meurt, quoiqu'il ait amaffé pendant fa vie beaucoup d'argent, jamais on n'en trouve chez lui ; il fe cache de tout le monde & l'enterre. Il efpere fans doute en profiter après fa mort, & n'avoir de confidération dans l'autre monde, que fuivant le plus ou moins d'efpeces qu'il aura eues en fa poffeffion. Les avares devroient aller dans ce pays, ils y apprendroient des moyens d'économie qui leur démontreroient, qu'en comparaifon des Arabes, ils ne font que de vrais prodigues.

Les Mongearts n'ont pas à beaucoup près cette ardeur pour l'argent ; ils ne l'emploient qu'à faire des bijoux pour leurs femmes, lorfque quelque naufrage ou la vente de leurs productions leur en procure ; ils le donnent volontiers pour de la poudre & autres objets de néceffité ou de fantaifie.

Le pays des Monfelemines eft très-fertile ; on y trouve, prefque fans culture, tout ce qui eft néceffaire à la vie. Les plaines font arrofées d'une infinité de ruiffeaux qui les rendent fécondes. On y voit en abondance des palmiers, dattiers, figuiers, amandiers. Ils recueillent beaucoup d'huile, de cire & de tabac qu'ils viennent vendre dans les marchés publics. Les marchandises de ces pays se transportent à Mogodor. Il y a beaucoup de raisins qu'on cultive dans les jardins ; ce raisin est bon, les Arabes le font sécher, & les Juifs en font de l'eau-de-vie.

L'abondance du pays fait qu'on se nourrit mieux que dans le Saara ; cependant dans les campagnes on se sent de la frugalité du désert ; car les habitans du Saara, manquant souvent de grains, sont obligés de se contenter de leur laitage, & les Monselemines des campagnes, pour ne pas retourner si souvent à leurs magasins, ne mangent que le soir. Dans les bourgades, on se nourrit bien, on fait deux repas par jour, un vers dix heures du matin, & le second au soleil couché, ce qui donne beaucoup d'occupation aux négresses ; car elles sont presque sans cesse occupées à broyer le grain & à préparer les mets. Les habitans des petites villes se procurent aussi plus d'aisance pour se coucher ; ils étendent des nattes à terre dans leurs appartemens, se servent de linge, & reposent tranquillement sans être exposés aux injures de l'air.

Leurs manieres de se traiter, en cas de maladie ou de blessures, sont absolument les mêmes que celles des habitans du désert.

L'EMPIRE DE MAROC.

Les peuples soumis à la domination de l'empereur de Maroc, sont moins heureux que ceux dont je viens de parler. Les préjugés de leur nation, les volontés arbitraires de leurs princes, qu'ils croient descendre du grand prophête, le pillage auquel ils sont journellement exposés, soit qu'ils soient en guerre ou non; leurs biens qu'ils sont obligés de cacher, crainte d'en être dépouillés par l'empereur ou les gouverneurs, tout contribue à rendre ce peuple esclave & barbare; il n'a nulle considération pour ses voisins, ils se pillent & se volent quand ils peuvent; & soumis en tout aux volontés d'un maître absolu, ils n'ont pas même la liberté de gémir de leur triste position. Leur plus grand malheur est sans doute de ne pas connoître l'amitié. Le pere craint son fils, le fils craint son pere; ainsi par ces préjugés, la nation mauresque, qui occupe une des plus belles parties de la terre, est toujours misérable, & manque souvent des choses les plus nécessaires à la vie.

Comme cette nation est naturellement esclave, elle n'a point de mœurs particulieres. La volonté du prince fait sa loi; elle n'en connoît pas d'autres. Elle n'a de particulier avec tous les autres Mahométans que leurs défauts, sans avoir aucune de leurs vertus.

Il n'est pas étonnant, d'après si peu de principes, que cette nation, qui se regarde comme la premiere de la terre & qui méprise toutes les autres, change sans cesse de coutumes. Dans une province il y a des crimes autorisés qui sont punis dans une autre. Toujours en contradiction avec lui-même, on voit souvent une partie du peuple révoltée contre l'autorité souveraine, & faire une guerre cruelle à ceux qui obéissent à l'empereur. Souvent l'année fuivante les rebelles, les plus déterminés, deviennent les fujets les plus fideles, & les autres fe révoltent à leur tour. Cette contrariété de fentimens & le peu de lumieres des peuples maintiennent toujours le fouverain dans fes droits, & lui donnent une autorité fans bornes, dont il fe fert pour dépouiller fes fujets, & les maintenir toujours dans l'efclavage. Ne pouvant tenir aucun ordre en parlant d'un peuple qui n'en a point, je ne puis que rapporter les objets comme ils fe préfentent à ma mémoire.

La pluralité des femmes eft permife, & c'eft un ufage reçu chez les Maures; ils peuvent en avoir quatre qui portent ce nom, les autres ne font que des efclaves : ils ont droit d'en avoir autant qu'ils peuvent en nourrir. Les moins malheureufes font fans contredit celles qui habitent les campagnes, c'eft-à-dire les plus pauvres ; car elles font libres & peuvent aller par-tout. Elles font, à peu de chofes près, auffi heureufes que celles du Saara & du Biledulgerid. Il en eft tout autrement de celles qui font dans les villes, jamais on ne les voit fortir; toujours enfermées dans l'enceinte des maifons, elles ne font heureufes que le temps qu'elles plaifent à leurs maîtres. Quand un mari barbare eft mécontent de fes femmes, il les maltraite à fa volonté, perfonne ne peut leur porter fecours, perfonne n'a droit d'entrer dans fon ferrail, il agit en tyran envers elles; & fouvent après les avoir fait long-temps fouffrir, fatigué de leur vue, il les tue, pour être délivré du foin de les nourrir. Les plus humains s'en défont par troc, ou en les vendant. Mais quel que soit le sort de ces infortunées, il est toujours malheureux quand elles n'ont point eu de garçon. Dans ce cas il change de nature, le pere n'oseroit maltraiter la mere de son fils qui ne manqueroit pas d'en tirer vengeance. Un pere attaché à sa fille ne peut pas la secourir quand il seroit instruit des mauvais traitemens qu'elle endure. Il est vrai que le mari seroit rigoureusement puni s'il étoit convaincu de la mort de sa femme ; mais c'est la chose impossible. Si elle porte sur elle les traces de sa barbarie, personne n'en a connoissance ; il l'a fait enterrer chez lui & annonce sa mort à ses parens. Comme il n'y a que les grands qui agissent de la sorte, à cause de l'impossibilité où l'on est de les attaquer, les peres en place qui aiment leurs enfans les marient souvent à des gens au-dessous d'eux, qui ont pour elles beaucoup d'égards. Les secours qu'ils trouvent en eux, soit pour le commerce ou pour autre chose, les engagent à ménager leurs filles. Souvent un pere feint de refuser sa fille à celui qui la lui demande, pour éviter les reproches des gens de son rang. Alors le Maure refusé, porte plainte à l'empereur ; on examine la conduite du prétendant, & comme le tout est projetté, on n'a jamais rien à lui reprocher : le pere est condamné à donner sa fille, & paroît en être fâché, quoique ses vœux soient remplis.

Tous les Maures sont égaux par la naissance ; il n'y a que les places qui les distinguent. Sortis des emplois, ils rentrent dans la classe ordinaire des citoyens. Ainsi le plus pauvre de la nation peut prétendre sans ridicule à la main de la fille du plus riche : un hasard, un caprice du prince peut précipiter ce dernier dans l'abyme, l'autre par le même hasard peut dans un instant être élevé au faîte des grandeurs.

L'éducation des enfans est généralement la même par tout l'empire. Jusqu'à l'âge de sept à huit ans les enfans ne font rien; mais à peine sont-ils circoncis qu'on les occupe, soit aux arts, soit à l'étude de l'alcoran, soit à la garde des troupeaux, soit aux armes. Ces derniers sont les favoris de l'empereur. Quand ils sont en état de servir, ils se rendent à Maroc, & quand ils sont reçus dans la troupe, ils y restent jusqu'à ce qu'il plaise à l'empereur de les congédier. Ils sont ou fantassins ou cavaliers, suivant leur adresse. Ceux qui se destinent à la mer, sont aussi obligés de venir se présenter à l'empereur, & sont de-là envoyés dans différens ports, où ils s'embarquent pour faire la course sur tous les Chrétiens.

L'empereur se rend tous les jours au missoire, lieu d'assemblée, où il rend la justice. Il écoute tout le monde, étrangers ou sujets, hommes ou femmes, pauvres ou riches, tout a droit de paroître devant lui & d'expliquer sa cause. Sur les huit à neuf heures il vient à l'audience, où il est environné d'un grand nombre de soldats. Ceux qui ont à se plaindre font un présent, on ne peut lui parler sans ce préliminaire. Ce présent est proportionné à l'état & à la fortune du particulier. Les plus petits, même deux œufs, sont acceptés. On s'explique librement devant le prince, qui ne tarde pas à rendre justice, si la partie adverse est présente : si elle n'y est pas on la fait demander, & le particulier revient un autre jour discuter sa cause. Les Maures parlent hardiment à leur souverain ; jamais ils n'ont de timidité : celui qui en auroit, s'avoueroit presque coupable, & seroit sûr de perdre sa cause.

Dans les endroits éloignés de la demeure de l'empereur, les gouverneurs rendent la justice. Chaque province a son gouverneur principal, & chaque ville un gouverneur particulier. Ils ont des gens sous eux qui font exécuter les ordres du souverain, ou plutôt les leurs. Ce sont autant de petits tyrans répandus dans les provinces. Ils abusent toujours du nom de leur maître pour s'enrichir promptement. Mais il est très-rare qu'ils jouissent du fruit de leurs rapines. S'ils savent par leurs espions qu'un particulier a amassé quelque chose, dans un pillage ou dans des opérations du commerce, ils lui en demandent une partie, que ce malheureux est obligé de donner pour sauver le reste. S'il arrive qu'il refuse ou nie avoir la somme demandée, on l'accuse devant l'empereur. Au moment où il ne se doute de rien, des ordres arrivent de la cour, on s'empare de tout ce qu'il possede, ses bestiaux, ses captifs & ses meubles sont vendus publiquement, & on le met en prison jusqu'à ce qu'il parte pour aller se justifier devant l'empereur de l'accusation intentée contre lui. Souvent il meurt de misere avant que d'y parvenir. S'il y parvient, & qu'il ait le bonheur d'être reconnu innocent, ou ne lui rend rien ; ce qu'on lui a pris étant dans le trésor public, c'est une chose sacrée qui ne doit jamais en sortir ; car on donne pour raison qu'elle est mise en réserve pour le besoin de l'état. On lui laisse seulement le pouvoir de vengeance & la liberté. Jamais on ne lui nomme ses accusateurs, il s'en doute seulement. Rendu dans sa famille, il se forme un parti qui intente diverses accusations contre le gouverneur, qui, sans le savoir, est condamné à son tour, ses biens sont confisqués au profit du trésor. Ce dernier a plus de peine à sortir du labyrinthe dans lequel il se trouve engagé ; car comme il a plus de biens, que ces biens ne viennent que des vexations exercées sur le peuple, il peut rarement se défendre. Alors il est condamné à mort, à moins que l'empereur n'ait encore besoin de lui ; dans ce cas il est de nouveau revêtu de la charge de gouverneur, & envoyé dans une autre province. L'impunité de sa premiere faute l'engage à avoir moins de ménagemens pour le peuple, & il finit tôt au tard par avoir la tête tranchée. S'il prévoit l'instant de sa perte, & qu'il veuille se retirer, il obtient aisément sa grace en abandonnant tout le produit de ses rapines. Car il faut qu'il soit bien rusé pour conserver quelque chose, ayant à vivre au milieu d'un peuple qu'il a pillé, & qui ne manqueroit pas de l'accuser, s'il le voyoit dans l'aisance. Il peut encore éviter la mort & la perte de ses biens lorsqu'il est assez adroit pour ménager sa retraite chez les Monselemines. Lorsqu'il a le bonheur de gagner ce pays, il est en sûreté & n'a rien à craindre du ressentiment de l'empereur.

Sidy *Mohammet-Ben-Abdella*, empereur de Maroc, de la famille des Schérifs, descendant de Mahomet, est l'interprete de la loi. Les prêtres se nomment *Talbes*, & sont toujours de son avis ; d'ailleurs sortant du grand prophète, il a le bonheur d'en être inspiré, & ne peut jamais se tromper. Le respect qu'on lui porte est si grand, qu'on s'eftime heureux de mourir de fa main ; c'eft la plus grande faveur à laquelle un Maure, pénétré de la fainteté de fa religion, puiffe prétendre. Il eft fûr d'aller dans le fein de Mahomet pour y jouir d'une félicité éternelle. L'empereur régnant, moins cruel que fes prédéceffeurs, maintient cette opinion. Lorfqu'il condamne à mort pour quelque crime, on laiffe le cadavre du coupable dans le lieu où il a été tué, jufqu'au moment où il plaît à l'empereur de pardonner ; alors les Maures parens ou amis vont au cadavre, lui annoncent fon pardon, l'enlevent & lui rendent les honneurs de la fépulture. Ils environnent de murailles l'endroit où ils l'enterrent, & alors le défunt eft regardé comme un faint. Si l'empereur ne pardonne point, les Juifs enlevent le cadavre, il refte fans fépulture, & devient la pâture des animaux carnaciers.

Le vendredi, qui, dans le Biledulgerid, eft le jour de marché, eft à Maroc le jour de prieres. Perfonne ne travaille ; on va en dévotion vifiter les mofquées ; & lorfque les prieres font finies, on fe vifite les uns les autres, on s'affemble fur les places publiques, & on fe divertit. Dès que le jour commence à paroître, le crieur public monte fur la terraffe des mofquées, chante la priere générale à haute voix, & en fait autant à midi & au foleil couché.

L'hofpitalité n'en conferve que le nom : il faut payer fa nourriture, quand on voyage ; cependant elle eft inviolable en cas d'afyle. Un exemple arrivé fous le regne préfent prouve combien ce devoir eft facré. Un chef de voleurs, réfugié dans les montagnes de l'Atlas, ayant été inftruit par fes efpions du jour du départ des négocians françois, lorsque, par ordre de l'empereur, ils quittèrent Ste. Croix de Barbarie, pour s'établir à Mogodor, voulut profiter de cette circonstance pour piller leurs marchandises. Il fit avancer sa troupe dans un des défilés des montagnes, par où la caravane qui escortoit ces marchandises, devoit passer. Cette troupe de voleurs étoit composée de quatre cents hommes déterminés & bien armés; il s'en falloit de beaucoup que l'escorte de la caravane fût aussi nombreuse; mais le hasard les fit échapper au malheur d'être pillés, peut-être même égorgés. Une pluie abondante, survenue, oblige à faire halte; la nuit avançoit, on étoit près de la maison du chef de ces brigands. Le conducteur de la caravane, ne voulant point rester dans l'endroit où on avoit fait halte, proposa de changer de route & de se rendre à l'habitation de cet homme connu pour être un chef du pays, & non pour un capitaine de voleurs. Les négocians y consentirent: on fut bientôt arrivé; l'on déchargea les marchandises pour les mettre à l'abri de la pluie. Le maître du lieu, instruit de l'arrivée de la caravane, vint recevoir les négocians, & leur apprit qu'il avoit mis quatre cents hommes en embuscade pour les dépouiller, mais qu'il falloit qu'ils fussent sous la protection spéciale du prophète pour avoir évité ce malheur; il ajouta qu'ils n'avoient plus rien à craindre, puisqu'ils étoient venus se réfugier chez lui; que sa religion lui ordonnoit de les protéger; & que ses 400 hommes, loin de les attaquer, les escorteroient jusqu'à Mogodor; ce qui fut exécuté sans même qu'il exigeât aucun salaire pour ses peines & celles de ses gens.

Les Maures observent avec le plus grand soin & la plus grande exactitude les austérités de leur carême. Il consiste à s'abstenir de nourriture, de boisson & de tabac, depuis le lever du soleil jusqu'à son coucher. Celui qui est surpris y contrevenir, est puni rigoureusement. S'il a mangé, il reçoit plus ou moins de coups de bâtons, suivant la volonté du chef; s'il a bu, même seulement de l'eau, on lui donne vingt ou trente coups de bâtons sur la tête ; punition que je vis exécuter lorsqu'on dressa le camp devant la ville de Rabate. Pour le tabac, objet dont on peut plus aisément se passer, il est puni avec plus de rigueur que les deux autres cas. Rarement le coupable évite la mort : on lui met beaucoup de poudre à canon dans la bouche, & on y met le feu. Les troupes mêmes en marche ne sont pas exemptes des austérités du carême ; & c'est en voyageant avec elles pendant ce temps que j'ai vu par moi-même quelles sont les peines qu'on inflige à ceux qui violent ces loix religieuses.

Les malades obtiennent des dispenses ; mais aussi-tôt qu'ils sont rétablis, il faut qu'ils fassent ce qu'ils auroient dû faire. Les prêtres pendant ce temps sont presque tout le jour, & une très-grande partie de la nuit, occupés à la lecture de l'alcoran, & à celle des pensées des interpretes.

La croyance générale est celle de l'immortalité de l'ame pour les hommes qui sont zélés observateurs de la loi, les autres doivent souffrir pendant quelque temps, & sont ensuite anéantis. Point d'éternité de peines, cette idée effrayante leur paroît contraire à la bonté divine. À l'égard des femmes, il n'y a d'immortelles que celles qui ont été attachées inviolablement à leurs maris : elles deviennent après leur mort des beautés célestes ; les autres périssent entiérement. Suivant leurs principes, l'homme n'est point libre, tout est réglé de toute éternité. C'est pourquoi si quelqu'un d'eux commet un crime, il n'en est pas moins estimé de ses compatriotes. Lorsqu'un Maure est dans l'adversité, il la supporte avec une constance héroïque ; jamais on ne l'entend murmurer de sa triste situation, il remet tout à la volonté de l'être suprême, & ne fait pas le moindre effort pour sortir de l'état dans lequel il se trouve.

L'empereur régnant avoit un ami intime qui avoit été élevé avec lui. Lorsque ce prince parvint à la couronne, cet homme étoit son unique conseil. Ses ennemis, (car dans un tel degré de faveur on ne manque pas d'en avoir) persuaderent à l'empereur de l'éloigner de sa personne, sous le prétexte spécieux que cet homme étant l'équité même, rétabliroit le calme & la tranquillité par la douceur de son gouvernement. Cet avis fut goûté du prince ; il en parla à son ami, qui, content de la médiocrité dans laquelle il vivoit, & de l'étroite amitié qui le tenoit attaché à l'empereur, n'en reçut la nouvelle qu'avec beaucoup de tristesse. Il communiqua ses inquiétudes à l'empereur qui tâcha de les dissiper, en lui assurant que le premier qui oseroit l'accuser, seroit puni de mort. Il fallut partir ; ce ne fut pas sans regret. Ce brave citoyen ne s'acquitta que trop bien de son emploi. Toute la province louoit la douceur de son gouvernement. Les provinces voisines demandoient par leurs députés des gouverneurs semblables. Ils envioient le bonheur de ceux qui vivoient sous ses loix. Cette conduite sans reproche fut cause de sa ruine. Ses ennemis profiterent de la révolte des provinces voisines, qui avoient refusé de payer le tribut aux gouverneurs que le prince avoit envoyés. Ils persuaderent à l'empereur que son ancien ami, ébloui par l'attachement que le peuple lui portoit, vouloit se rendre indépendant. Il n'en fallut pas davantage pour le faire condamner. L'empereur le rappella; & sans vouloir ni le voir ni l'entendre, le fit mettre dans une météore (lieu où l'on met le grain en réserve) où on lui apportoit à manger une fois le jour. A peine y avoit-il assez d'air pour qu'il pût respirer. Il resta quinze ans dans ce cachot, sans qu'on parlât de lui. L'empereur le croyoit mort depuis long-temps, lorsque le fils de cet infortuné s'étant distingué dans une révolte où il reçut plusieurs blessures pour sauver l'empereur, osa demander au prince pour toute récompense la permission de retirer son pere de la météore. Cette demande réveilla la tendresse du roi, qui, surpris de le savoir en vie, ordonna à l'instant qu'on le fît sortir de cet endroit de douleur. Il le retint auprès de lui, & lui donna de nouveau toute sa confiance & son amitié. Pendant un aussi long espace de temps, jamais on n'entendit cet homme se plaindre. Il avoit souvent ordonné à son fils, qui l'aimoit tendrement, de ne pas encourir la disgrace de son maître, en osant parler en sa faveur. Il soutenoit qu'il seroit délivré un jour; & il reçut cette nouvelle avec autant de sang froid qu'il en avoit témoigné lorsqu'il fut condamné à subir cet injuste traitement.

Lorsque

Lorsque le roi de Maroc sait qu'une de ses provinces a joui long-temps de la paix, & qu'elle est riche, il la taxe plus qu'à l'ordinaire, ce qui ne manque pas d'exciter les murmures du peuple, & c'est ce qu'il desire. Le peuple taxé délibere, s'assemble; & dans ces sortes d'occasions, les têtes échauffées courent aux armes. L'empereur temporise alors; il feint de céder aux justes représentations de son peuple, il s'instruit du nombre des révoltés, de leur nom, de leurs biens, rétablit la taxe ordinaire, & tout revient dans un état tranquille. Ce calme est toujours pour les provinces plus dangereux que l'orage, car le prince trouve bientôt quelque prétexte d'éloigner les chefs, soit en les attirant à sa cour, soit en leur donnant des commissions honorables qui les obligent de s'absenter de leur province. Alors il se venge en la faisant attaquer par les provinces voisines, sous prétexte de rébellion. Il partage de moitié dans les dépouilles. Le peuple surpris & attaqué de tous les côtés, n'ayant plus de chef pour les commander, est bientôt accablé. Il se soumet & paie. Alors l'empereur fait cesser le pillage. Souvent, sous le prétexte que ses provinces voisines ont outre-passé ses ordres, il leur fait subir le même sort; & par cette politique barbare, il trouve le moyen de s'emparer de toutes les richesses de ses provinces.

Il est à croire que ce prince est de la nation Monselemine; car son amour pour l'argent est semblable à celui de ce peuple. Les habitans du cap de Nun disent que sa mere étoit de leur pays, & cela est à croire, malgré les assertions contraires des Maures de Maroc. Car différent en tout

G

de son pere qui ne laissoit point d'armes à son peuple, celui-ci ne leur laisse point d'argent; mais il leur permet d'être armés, & tous les Maures le sont actuellement comme ceux du Biledulgerid. Il retire de cette politique un autre avantage qui est de se passer de troupes. Veut-il faire la guerre; il ordonne à une province de marcher, & elle assemble des guerriers qui forment des corps d'armées considérables. L'espoir du butin les guide; jamais ils ne pensent à l'avenir, & ne voient pas qu'ils doivent être tôt ou tard les victimes de leur soumission aveugle aux ordres de l'empereur.

Le commerce attire son attention, à cause des sommes immenses qu'il lui procure. Il permet à toutes les nations d'avoir des maisons de commerce dans ses états. Il prend le douzieme de toutes les cargaisons pour ses droits, & souvent exige de fortes sommes des négocians qui sont contraints de le satisfaire pour continuer librement leur commerce. Il se fait avec beaucoup de lenteur dans ce pays; la cause est qu'il y a trois jours sans compter les fêtes des Chrétiens pendant lesquels on ne travaille pas, savoir le vendredi, samedi & dimanche. Le dimanche est le jour du plus grand repos, parce que les Chrétiens qui font le plus fort du commerce, tiennent ces jours-là leurs magasins fermés.

Les Juifs, auxquels il permet l'exercice de leur religion dans tout son empire, lui fournissent des sommes immenses: l'industrie de ce peuple errant est un des plus grands trésors du prince. Il les facilite dans le commerce, leur fournit même des fonds; mais il sait les recouvrer avec usure,

Il tire profit de tout. Le Juif est l'esclave de la nation ; c'est pourquoi si un Maure ou un Chrétien tuent un Juif, ils sont condamnés à cent piastres fortes d'amende. Mais si un Maure tuoit un Chrétien, l'argent ne pourroit le sauver, car le prince craindroit de perdre le commerce des Européens, & cette crainte fait que l'Africain est puni de mort. Le Chrétien au contraire est autorisé, & son crime est souvent impuni ; car l'empereur ne peut se persuader qu'un Chrétien, dans son empire, osât tuer un Maure, à moins d'être attaqué.

Tout citoyen, comme je l'ai déja dit, est obligé au service ; cependant l'empereur entretient toujours un corps de troupes réglées composé de Maures. Son pere lui avoit laissé une armée de negres bien disciplinée, sous le commandement d'un bacha noir ; mais ce prince, ayant trouvé le moyen de s'attirer le respect des peuples dont son pere étoit détesté, a changé tous les établissemens du regne précédent. Il s'est presqu'entiérement défait de cette armée negre, en l'exposant dans les défilés de l'Atlas contre les Monselemines. Il craignoit cette milice étrangere qui formoit un corps de quarante mille hommes ; car plusieurs fois il avoit été témoin de leur mutinerie. Les gens, les mieux disciplinés & sur lesquels il fonde le plus d'espoir dans les occasions critiques, sont deux cents cinquante renégats françois, commandés par un alcaïde de la même nation. Ce chef en 1784 étoit le fils d'un chapellier de Paris, nommé *Boisselin*. Cette troupe est composée de François qui ont déserté d'Espagne. Ils ont une bonne paie ; ne font presque pas de service, & sont en temps de paix à Mogodor. C'est l'alcaïde des renégats qui connoît des différends & des fautes; il n'a aucun compte à rendre aux gouverneurs, il ne rend raison de ses actions qu'au roi lui-même. Quoiqu'il soit permis aux renégats d'avoir plusieurs femmes, ils n'en ont cependant qu'une, la plupart même s'en passent. Il y a encore 800 autres renégats espagnols & portugais; mais ils ne forment point corps, & sont distribués dans les différentes places de l'empire; ils obéissent aux gouverneurs des lieux où ils se trouvent.

Ce qui fait que, loin de l'empereur, les ordres restent sans exécution, c'est que ce prince promet & ne paie jamais; il ne sait que s'emparer de l'argent & n'a jamais connu l'usage d'en donner. Lorsqu'il s'agit d'acheter des captifs, les Juifs sont chargés de cette commission: d'accord avec les gouverneurs, ils temporisent: tantôt sous un prétexte, tantôt sous un autre; & l'empereur, fatigué des délais, charge d'autres Juifs qui, sûrs également de n'être pas payés, ne sont pas plus pressés d'obéir.

Les Arabes indépendans qui connoissent le caractere du prince, ne veulent pas sur sa parole livrer leurs captifs; ce qui fait que les Chrétiens ne peuvent être délivrés que par les négocians qui sont répandus dans l'empire. Ces derniers ne les laisseroient point languir, mais ils sont obligés d'user de ruse pour obtenir la permission de l'empereur de racheter ces captifs. A peine les habitans du Biledulgerid ont-ils la parole des négocians, qu'ils envoient leurs esclaves; ils ne craignent point de perdre la rançon convenue, car il n'y a pas d'exemple qu'un Chrétien, à la tête d'une maison de commerce, ait jamais manqué de satisfaire à ses engagemens; ce qui fait dire aux Maures, qu'on peut se fier aux Chrétiens, car ils ne mentent jamais, leur religion leur ordonnant de tenir toujours leur parole. Cette opinion reçue facilite beaucoup le commerce, & soulage les malheureux qui font naufrage sur les côtes de Barbarie; car à peine un navire a-t-il échoué que les habitans en instruisent les négocians chrétiens, jamais ils n'en donnent avis à l'empereur qui n'en est instruit que par hasard.

Chez un peuple aussi superstitieux, il n'est pas étonnant qu'il n'y ait souvent des ambitieux qui s'efforcent de se faire un parti dans l'état. Les abus qu'ils voient dans le gouvernement, l'inclination qu'ils connoissent à leurs compatriotes pour la nouveauté, le desir de l'indépendance si naturel à l'homme, tout autorise ces factieux à prêcher leurs opinions dans les campagnes. Ils se servent toujours du motif spécieux de la religion; & quelque absurdes que soient leurs raisonnemens, ils ne manquent pas de partisans fanatiques, surtout si le chef de l'entreprise est assez adroit pour faire quelque tour qui puisse surprendre & attirer l'attention de ce peuple grossier. Le chef ne manque pas de se dire inspiré du prophète; & sa doctrine permet toutes sortes de pillage, appas séducteur pour des gens naturellement portés à la rapine. On court aux armes, on attaque les possessions de l'empereur. Ce prince alors met des armées sur pied, ne se fiant point au zele des provinces qui n'auroient rien à gagner mais tout à perdre, & qui pourroient bien se laisser entraîner

G iij

dans la sédition, par le desir de la nouveauté & l'espoir flatteur d'être mieux traitées. Les troupes de l'empereur bien disciplinées, commandées par des chefs habiles & formés aux combats, ont bientôt dispersé ces rebelles qui n'osent reparoître dans leurs provinces où on les traiteroit de sacrileges. Ils se réfugient sur les montagnes de l'Atlas, d'où il est impossible de les chasser; & alors ils forment des bandes de voleurs qui attaquent tout ce qui leur tombe sous les mains. Souvent ils descendent dans les plaines; & comme ils sont habillés & parlent comme les naturels, on ne peut s'en préserver. Ils s'informent du départ des caravanes, & les attaquent presque toujours avec avantage. Celles de l'empereur qui conduisent les deniers royaux provenans des droits du commerce des différens ports ne sont pas plus respectées que les autres. Mais les escortes sont si nombreuses qu'il est rare qu'on les enleve.

Un factieux de cette espece, sous le regne actuel, poussa ses conquêtes jusqu'à Maroc. Le peuple étoit prêt à se joindre à lui; ses prétendus miracles, des révélations & mille autres absurdités de cette espece avoient surpris la bonne foi de la multitude; il ne restoit à l'empereur que ses renégats françois, qui s'étoient rendus précipitamment à Maroc, & quelques Maures des plus fideles. L'empereur, voyant que la force ne pouvoit le sauver, employa la ruse. Il s'avança vers le peuple à la tête des renégats, & dit à haute voix que si l'homme qui se présentoit étoit vraiment un envoyé du prophête, qu'il seroit le premier à baiser la poussiere de ses pieds; qu'il falloit au moins savoir la volonté du grand prophête, & qu'il al-

loit pour ce sujet à la mosquée. Le chef rebelle, voyant tout le peuple applaudir à ce discours, se sentant à la tête d'un parti nombreux, voyant l'empereur abandonné de tout le monde, crut n'avoir rien à craindre. Il prit donc une escorte particuliere, & se rendit aussi à la mosquée. Ils y furent environ une demi-heure. Revenus tous deux devant le peuple, l'empereur demanda à l'imposteur ce que lui avoit inspiré le prophete. " De te
" détrôner, répondit cet homme, & d'employer
" la violence si tu ne veux te soumettre de bonne
" grace : & moi, dit l'empereur, le prophete m'a
" dit que je reconnoîtrois pour successeur celui
" qui, se couchant sur la terre en présence de
" tout le peuple, y resteroit ayant au-dessus de
" sa tête une pierre pesant cinq milliers, suspen-
" due & prête à l'écraser. Mets-toi donc à terre,
" si tu es véritablement l'envoyé du prophete ; &
" si toutes les merveilles que tu as opérées jusqu'à
" ce jour ne sont pas de faux miracles inventés
" pour surprendre le peuple, la pierre restera sus-
" pendue au-dessus de toi, ainsi que l'est le tom-
" beau de Mahomet à la Mecque : alors je me
" soumettrai le premier à tes loix, & je donnerai
" l'exemple à mon peuple de te demeurer toujours
" fidele ". Le fourbe ne voulut point accepter cette proposition ; mais le peuple ayant applaudi, les renégats s'emparerent de lui, malgré sa troupe qui vouloit le défendre, & suspendirent au-dessus de lui une pierre qui, emportée par son poids, écrasa bientôt ce brigand. Cette heureuse ruse & le courage des renégats que le nombre de leurs ennemis ne put effrayer, sauva l'empereur, & leur valut l'attachement inviolable & les faveurs de ce

prince qui, chaque année, veut les voir, les fait habiller & leur fait donner une paie proportionnée au service qu'ils lui ont rendu dans cette circonstance si critique.

Lorsqu'on est accusé devant l'empereur & que ce prince a parlé, personne n'ose dire non; contredire sa pensée est une certitude d'être égorgé sur l'heure. L'alcaïde des renégats françois seul, a osé le faire une fois, sans en être puni. » Tu as faci- » lité la fuite de tes compatriotes, lui dit ce » prince, en présence de son peuple, je le sais » de bonne part; attends-toi à subir la peine due » à ton crime. O seigneur, on t'a trompé, lui » répondit l'alcaïde. Quoi, lui dit l'empereur, tu » ne conviens pas de ce qui est avéré ? Non, » seigneur, fais paroître mes accusateurs, & tu » sauras la vérité ". Cette réponse ferme auroit été pour tout autre l'arrêt de sa mort, mais elle sauva cet alcaïde : ses accusateurs, parmi lesquels étoit un bacha, furent mandés; & quoique la chose fût vraie, les accusateurs ne purent le prouver, & furent à l'instant mis à mort. L'alcaïde au contraire fut récompensé. Je lui ai entendu raconter cette aventure.

Quand une armée mauresque est en marche, elle ne suit aucun ordre, seulement ceux qui portent les drapeaux marchent les premiers. Les cavaliers sont dispersés pêle-mêle avec les fantassins. Au rendez-vous indiqué, tout le monde se réunit & on ne fait point d'appel. On campe en rond; la tente du général & celle de la priere sont placées au milieu du camp. Vers la nuit on pose des sentinelles en-avant des tentes; les soldats se couchent dans l'herbe, & l'on fait de quart-d'heure en quart-d'heure le cri de guerre pour prouver que l'on est éveillé, & toute la nuit on entend un vacarme épouvantable. Il est assez difficile de surprendre ces camps, car on dort tout habillé, les armes préparées, les chevaux n'étant attachés qu'à un petit piquet, en sont bientôt débarrassés, & dans l'instant on est prêt au combat. Les rivieres se passent à la nage; les bagages se mettent sur des radeaux faits avec les bâtons des tentes, soutenus par des outres pleines de vent. Quand une armée arrive près d'une ville, les cavaliers viennent la recevoir; ils font le jeu du feu contre ceux qu'ils viennent visiter. Dès qu'ils s'apperçoivent, ils fondent les uns sur les autres, ventre à terre. Le coup de fusil tiré, la cavalerie se replie, les cavaliers rechargent en fuyant, & reviennent de la sorte sur la même ligne plusieurs fois au combat. Nous jouîmes de ce spectacle devant la ville d'Azimor.

Les forces navales de l'empire de Maroc sont très-peu considérables. Cependant les corsaires sont redoutables. Ils tentent toujours l'abordage; & comme leurs équipages sont nombreux, ils ont souvent l'avantage. Ils ne perdent presque point de vue la terre; s'ils se sentent poursuivis par des forces supérieures, ils ont bientôt gagné quelque fort, sous le canon duquel ils se mettent à l'abri.

Les villes de Barbarie sont très-mal bâties; les rues sont étroites & point pavées, on n'y connoît point les voitures; les maisons sont sans fenêtres sur la rue, & les toits sont des terrasses. Plusieurs anciens monumens tombent en ruine. A la sortie de Maroc on voit un pont superbe d'une longueur étonnante. La ville de Rabate est bien fortifiée &

pavée en partie. Mais celle de Mogodor est bien plus belle, car les négocians françois y ont de superbes maisons, toutes bâties en pierres de taille : Ils y ont aussi un jardin commun que l'empereur leur a donné, & qui est très-vaste & bien entretenu.

Le territoire est fertile, & produit abondamment toutes les choses nécessaires à la vie. Les montagnes sont très-escarpées. La chaîne de celles que l'on nomme Atlas, est, vis-à-vis Maroc, absolument couverte de neige dans toutes les saisons de l'année.

Les Maures habitant la partie de ces montagnes qui avoisine Sainte-Croix, ne laissent pas un pouce de terrein inculte. Ils forment de petites murailles pour soutenir les terres. Souvent un endroit cultivé n'a pas plus de huit à dix pieds de profondeur : on croiroit volontiers que la terre manque dans ce pays, en voyant avec quel soin on l'emploie. Cependant, à quelques lieues de distance, on voit de superbes plaines, d'une terre excellente, qui sont entiérement abandonnées. Il n'est pas aisé d'en deviner la cause. Si ce n'est que peut-être ces gens préferent la culture des montagnes, parce qu'il leur est plus aisé de s'y garantir des pillages des brigands. En occupant la partie voisine de Biledulgerid, il leur est très-facile de s'y rendre : ils sont maîtres des défilés, & par conséquent on ne peut les surprendre. Cette raison leur fait sans doute préférer ces lieux austeres aux habitations riantes & agréables qu'ils pourroient avoir dans les campagnes voisines. La moisson faite, on met le feu aux pailles. Le bled se conserve comme dans le Biledulgerid ; quant au commerce, tout le monde fait, & fur-tout à Marseille, quels avantages immenses on en retire. Ce qui me reste à ajouter en terminant ces réflexions, c'est qu'il ne manque aux Maures pour devenir une nation heureuse & invincible que des loix invariables, & une administration qui ne dépende point du caprice de celui qui les gouverne.

Fin de la premiere partie.

DEUXIEME PARTIE.

Voyage à Galim, & retour en France.

RENDU dans le sein de ma famille, je pensois y goûter quelque consolation; il en fut tout au contraire. Je vis avec douleur que mes parens ne croyoient rien de mes souffrances. Les uns me disoient que m'y étant exposé, je n'avois essuyé que ce que je méritois; les autres insensibles à ma situation, n'avoient pas daigné répondre aux lettres obligeantes qu'ils avoient reçues de la part des divers négocians de Bordeaux, qui calculant autrement que ma famille s'étoient vivement intéressés à mon sort. Ces négocians avoient eu la bonté d'écrire à Cadix, Mogodor, Salé & autres lieux, pour qu'on employât tous les moyens possibles de me tirer de la misere, s'engageant, sans fixer de prix, à satisfaire à tout pour y parvenir. Je crois devoir rapporter ici celle que j'ai reçue par duplicata à Sainte-Croix de Barbarie, & qui m'étoit écrite par M. Mocquart, de Bordeaux. Elle me parvint par le canal d'un Juif.

Bordeaux 14 avril 1784.

MONSIEUR SAUGNIER,

J'ai appris seulement hier les malheurs qui vous sont arrivés. Je l'ai su par une lettre que M. Lanaspeze fils, votre deuxieme capitaine, a écrite à M. Mure, conful françois à Salé, en date du 21 février dernier, laquelle M. Mure a envoyée à Lanafpeze pere, le 14 mars dernier. Il n'y a point de mal fans remede, mon cher ami : que Dieu vous conferve la fanté, & nous vous tirerons avant peu de la mifere. J'écris aujourd'hui à M. Mure qu'il emploie toutes les voies poffibles pour vous trouver, & qu'auffi-tôt il donne ce qu'il faudra pour vous tirer d'efclavage ; que je fuis prêt à fatisfaire à tout, au moyen de quoi, mon cher, j'efpere que fi vos infortunes ont été grandes, elles ne feront pas de longue durée. Ne vous abandonnez point au chagrin, je vous y invite fort, & l'efpere d'autant plus qu'un homme comme vous fait furmonter les adverfités de la fortune auxquelles il eft accoutumé.

MM. Floquet, vos amis, mirent en mer le 29 décembre : ils ont été contrariés par la tempête, & obligés de relâcher à Breft le 7 janvier : leur lettre, datée du 10, m'annonça qu'ils devoient partir le 11.

Ce font toutes les nouvelles que j'ai reçues jufqu'à préfent : je les fuppofe arrivés. Je fuis occupé à leur faire un petit envoi. Je croyois bien que vous feriez arrivé avant eux. Je leur fais paffer un alembic. Au refte ce n'eft que du retard. A propos de cela, j'écris à ce même M. Mure, que fi par hafard il y avoit des moyens de vous faire paffer foit à l'ifle St. Louis du Sénégal, foit à Gorée, qu'il ait la complaifance de vous les procurer, fi toutefois vous le vouliez bien. A défaut par vous d'y confentir, je le prie d'avoir la complaifance de vous faire paffer le plus promptement en France ; & que, de telle maniere que vous vous décidiez, il pourra toujours prendre son remboursement sur moi.

J'écris encore par la même occasion à un nommé David Benatar, Juif établi à Mogodor, qui est celui à qui Lanaspeze s'est adressé pour faire passer sa lettre à M. Mure, afin qu'il fasse de son côté toutes les démarches imaginables pour vous rencontrer, & qu'aussi-tôt il en donne avis à M. Mure. Après avoir commencé par terminer toutes vos peines, dont je verrai la fin avec bien du plaisir, je suis, avec le plus sincere attachement, monsieur, votre très-humble & obéissant serviteur.

Signé M. MOCQUART.

Ma mere, qui est loin d'être dans l'aisance, fut la seule sensible à mes peines; elle me donna du linge & des hardes, selon la modicité de ses moyens. Un de mes oncles, chanoine & fort à son aise, m'envoya, plutôt par ostentation que par amitié, 300 liv.; me marquant que c'étoit le dernier présent que je recevrois de lui; & que, malgré l'intérêt qu'il prenoit à mes malheurs, il ne pourroit dans la suite rien faire de plus pour moi. Dans une position aussi critique, ayant si peu de fonds, n'ayant pour tout habit que celui que je portois, je me décidai à retourner à Paris, pour y reprendre les fonctions de mon premier état, tout pénible qu'il étoit. Je ne murmurois point de mon sort : en comparant la situation dans laquelle je venois de me trouver à celle où j'étois alors, je me trouvois plus qu'heureux, quoique ma santé eût été considérablement altérée par les fatigues de l'esclavage. Mon exemple doit servir de leçon aux jeunes gens qui, même appartenant à des familles riches, ne doivent jamais compter sur les secours de leurs parens. L'égoïsme regne en France, & les liens du sang n'y sont que des illusions. C'est bien à tort que l'on veut empêcher que les fautes d'un individu ne rejaillissent sur ses parens, & qu'ils n'en partagent la honte, car souvent ils en sont les uniques causes, par la barbarie avec laquelle ils ont traité le malheureux que le désespoir a pu seul entraîner au crime. C'est presque toujours la faute des familles lorsque ce malheur leur arrive. Avec moins d'avarice, plus de douceur & de bonté, elles rameneroient bientôt un esprit ulcéré, révolté, qui, aveuglé par le besoin & le désespoir, trouve légitime tout ce qui peut conserver une existence qu'il est prêt à perdre, lorsqu'il manque de tout.

Ma résolution prise, je restai tranquillement chez ma mere pour reprendre mes forces. J'écrivis à plusieurs marchands pour les engager à me chercher une place. Mais je n'étois pas encore à la fin de mes peines, mes voyages n'étoient point finis, Dieu en avoit disposé autrement. J'avois beaucoup souffert dans l'espoir d'aller travailler au Sénégal, & il étoit écrit que j'irois. Je reçus alors une lettre de l'aîné de mes deux compagnons d'infortune. Il étoit depuis peu de retour à Paris, où il avoit appris mon arrivée en France par les négocians de Bordeaux, que j'avois remerciés des secours qu'ils m'avoient donnés dans ma misère, & des lettres obligeantes qu'ils avoient bien voulu écrire à ma famille, qui n'avoit pas daigné y répondre.

Mon naufrage, la perte de notre pacotille commune avoient mis le plus grand obstacle à la réussite de ses projets & des miens. Embarqué sur la Bayonnaise, comme je l'ai dit plus haut, il étoit enfin arrivé au Sénégal, deux mois après son départ de Bordeaux. Il croyoit m'y trouver; mon absence, l'incertitude de mon existence & de celle de nos effets communs avoient été pour lui un coup de foudre. Quelque temps cependant après son arrivée à la colonie, il avoit appris ou plutôt soupçonné mon naufrage par le canal de quelques Maures errans qui répandirent le bruit qu'il y avoit eu un navire de perdu sur leurs côtes. Cette nouvelle le détermina, après trois mois de séjour dans la colonie, à revenir en France. Il s'étoit embarqué pour le Cap François d'où il avoit fait voile pour Bordeaux.

Il m'exhortoit dans sa lettre à ne point me décourager: il argumentoit de mes malheurs pour me prouver que le premier voyage seroit plus heureux, & me faisoit le tableau le plus flatteur des avantages qu'il y avoit de travailler au Sénégal. Il m'instruisit aussi du motif qui l'avoit conduit à Paris, & m'encouragea à suivre mes premiers projets. L'exemple récent du navire l'Antonia, capitaine Vigneux, armateurs MM. Lavaysse, Puchelberg & compagnie, de l'Orient, qui, avec quarante deux mille livres de mise dehors, avoit produit plus de cinq cents mille livres, étoit une preuve certaine des possibilités qu'il y avoit de faire dans ce pays une fortune prompte & honnête. Je me décidai donc de nouveau à tenter la fortune. Je n'avois reçu que trois cents livres de mon oncle; cet argent n'étoit rien moins que suffisant pour m'habiller, me nourrir & faire les frais d'un nouveau voyage. Il me fallut donc tenter

de

de nouveau d'en obtenir de ma famille. Après bien des peines & des humiliations, j'obtins enfin trois cents autres livres, encore fallut-il que ma mere se rendît caution; sans cela jamais je ne les aurois trouvées.

Je partis pour Paris avec ce peu d'argent. Il s'y étoit formé plusieurs compagnies qui toutes espéroient avoir le commerce exclusif de la gomme au Sénégal. L'espoir d'être à la tête des affaires de la compagnie qui l'obtint, nous fit séjourner inutilement deux mois dans cette ville.

Voyant que les choses traînoient trop en longueur, qu'on ne nous donnoit que de belles paroles, qui n'avoient pas l'air de produire aucun effet, nous partîmes pour Bordeaux, ville de ressource pour ceux qui ne craignent point les dangers des voyages & qui veulent travailler. Nous espérions y trouver quelques navires en commission, & nous ne fûmes point trompés dans notre attente.

Cinq semaines après notre arrivée dans cette derniere ville, je m'embarquai avec quelques marchandises sur le navire le Gustave-Adolphe, capitaine Marc du Hâvre, armateur M. Lamalathie, négociant de Bordeaux. Ce navire devoit faire la traite le long de la côte, & de-là se rendre dans l'Inde, après avoir débarqué les provisions qu'il avoit pour la garnison du Sénégal. M. Lamalathie m'accorda une commission sur les negres que je traiterois concurremment avec le capitaine.

Dans la position où je me trouvois, il falloit tout accepter, quoique je susse bien que concurremment avec le capitaine, je ne ferois rien ou presque rien. Car l'intérêt de ces messieurs étant de faire seuls la traite, ils n'aiment point à partager cette commission avec personne. Je crois nécessaire pour le bien d'un armement, ou que le capitaine soit entièrement chargé du tout, ou que ses droits ne s'étendent seulement que sur la conduite du navire; la diversité des opinions est toujours nuisible : l'un veut ce que l'autre ne veut pas, & cela tourne toujours au détriment des armateurs. Comme je voulois absolument me rendre au Sénégal, j'acceptai les offres de M. Lamalathie, & fermai les yeux sur tout le reste.

Mon associé resta à Bordeaux, pour y faire l'armement du petit Bric, le Furet, du port de soixante & dix tonneaux, capitaine Gabory, sur lequel il s'embarqua six semaines après moi.

Le Gustave-Adolphe étoit bon voilier : notre route fut courte est assez heureuse. Nous eûmes cependant, à la sortie des Canaries, de violens coups de vent, qui firent craquer notre grand mât, ce qui détermina le capitaine (par l'impossibilité qu'il trouva de se rétablir solidement à la côte) à ne point hasarder le voyage de l'Inde. Il termina donc sa traite à Gorée, où il fit un an de séjour, de-là il fit voile pour l'Amérique.

A peine avions-nous perdu de vue les Canaries, que nous apperçûmes les côtes de l'Afrique. Le récit de mes malheurs, & l'expérience du capitaine firent qu'on tint le large. Cependant le lendemain nous eûmes connoissance du cap Blanc : nous y vîmes deux bâtimens échoués, l'un du port de 150 tonneaux environ, & l'autre qui avoit l'apparence d'une frégate.

Nous arrivâmes sans beaucoup de fatigue à la vue du Sénégal, le 13 juin 1785. Ce jour-là nous passâmes la barre : c'est la plus dangereuse qui existe au rapport des marins. On entend par barre l'effet de plusieurs lames d'eau qui se succedent continuellement en se déployant avec force les unes sur les autres. Elles sont occasionnées en cet endroit par le courant du fleuve, qui cherchant à se jetter dans la mer, fait force contre ses eaux qui luttent elles-mêmes contre celles du fleuve. Le sable apporté par la riviere & repoussé par la mer, forme un haut fond qui rend ce passage inaccessible aux grands bâtimens. Il n'y avoit, lorsque je la passai, que treize pieds d'eau. Ce fut dans la chaloupe du pilote que je hasardai ce passage. Je n'en connoissois pas le danger ; & l'horreur des lames qui nous soulevoient, me firent plus d'une fois craindre pour mes jours. En septembre de la même année, la barre n'avoit plus que sept pieds d'eau, cependant elle étoit plus praticable pour les chaloupes. Il semble que par ces dangers la nature indique aux Européens qu'ils ne doivent point se fixer dans ce pays, où ils ne viennent pour l'ordinaire que pour y faire un commerce indigne de l'humanité; mais le desir des richesses l'emporte sur-tout, & fait surmonter les plus grands obstacles. Il est a propos de ne passer la barre qu'avec les negres. Ils sont tous bons nageurs, & n'abandonnent pas aisément les blancs en cas de malheur. Ils les sauvent souvent quand les chaloupes chavirent, & on ne peut mieux faire que de se fier à leurs soins. Malheur à qui les contrarie pour le passage de la barre, car alors si l'on chavire ils se sauvent seuls, & ne font pas même attention aux blancs qui sont bientôt abymés dans les flots. La mort funeste de M. de la Echouart, capitaine de la Bayonnaife, en avril 1786, est une preuve trop certaine de cette vérité.

La barre paffée, je gagnai terre; & quoique le foleil fût des plus ardens, je fis route jufqu'au Sénégal fur la pointe de Barbarie, langue de fable de cinquante à foixante toifes de largeur, qui fépare le Niger de la mer. La largeur du fleuve près de Gandiole, village negre, eft de plus de trois cents toifes. L'ifle du Sénégal eft fituée à trois lieues plus haut. Cette ifle n'eft à proprement parler qu'une langue de fable au milieu de la riviere. On la dit longue de mille pas géométriques fur foixante dans fa plus grande largeur. Elle eft prefque de niveau avec les eaux du fleuve & avec celles de la mer, mais elle eft garantie des dernieres par la pointe de Barbarie qui eft plus élevée que la colonie. Le bras oriental du fleuve eft le plus confidérable, il a environ quatre cents toifes de large. Le bras occidental n'a que de cinquante à deux cents toifes. L'ifle eft des plus ftériles; on n'y voit que des fables brûlans; quelquefois on y rencontre des cailloux qui proviennent du left des navires venant de Gorée, ou des débris des anciennes maifons des Européens. Il y a très-peu de jardins, la plupart des graines d'Europe n'y réuffiffent point. Il n'eft pas étonnant que ces jardins ne produifent prefque rien, l'air eft extraordinairement falé: il pénetre tout, & ronge même le fer en très-peu de temps. La chaleur y eft exceffive, & encore augmentée par la réflexion du fable; ce qui fait que depuis dix heures du matin, jufqu'à quatre heures du foir, il eft prefque impoffible de travailler. Dans les quatre mois de janvier, février, mars & avril, la chaleur est bien plus supportable, mais dans les mois d'août & suivans elle est si considérable qu'elle affecte même les naturels. Quel effet ne doit-elle pas produire sur des Européens, qui se trouvent tout-à-coup transplantés dans un pays aussi brûlant ! La nuit est un peu plus fraîche, mais pas toujours, seulement quand les vents de mer se font sentir. Alors on respire un air qui paroît frais, & après lequel on a soupiré pendant tout le jour; mais cet air paroîtroit brûlant dans notre climat : malgré le secours de ces vents de mer, les nuits sont encore fâcheuses. Dès-que le soleil est couché, on se sent attaqué par une infinité de moucherons que l'on nomme maringoins. Leurs piquures sont très-sensibles; & la multitude de ces insectes est incroyable. On s'en garantit foiblement par le moyen de mousticaires ou cousinieres faites avec de la gaze. Pour moi, accoutumé à vivre chez les Maures, j'étois peu incommodé de ces insectes. A demi sauvage, il n'entroit point dans ma pensée de chercher à plaire aux dames; & par conséquent je n'avois nulle considération à garder : je faisois comme mes anciens maîtres, je me frottois de beurre, & cet expédient m'a garanti en tout temps des morsures importunes des ces impitoyables ennemis du repos des humains.

Si les yeux ne sont pas flattés de la vue du Sénégal, ils le sont encore moins de ses environs, qui ne sont couverts que de sable & de mangliers. On peut dire sans exagérer qu'il n'y a point de situation plus affreuse, ni d'endroit où l'on puisse plus difficilement se procurer les chofes les plus nécessaires à la vie. L'eau, cet aliment si utile à l'homme, & indispensable pour la santé, n'y vaut rien. On creuse dans le sable environ cinq à six pieds, & on a de l'eau par ce moyen; mais elle est toujours saumâtre, quelque soin que l'on prenne pour l'adoucir. J'en ai distillé, & elle conservoit encore un petit goût qui ne peut être que nuisible à la santé. Il est vrai que dans la haute saison les eaux du fleuve sont douces, mais elles n'en sont que plus dangereuses. Ce sont elles qui occasionnent la plupart des maladies qui enlevent les Européens, avec telle violence que tous les trois ans la colonie se trouve renouvellée. Les negres même, quoiqu'acclimatés, ne sont pas dans ce temps exempts de maladie.

Il n'y a véritablement de bonne eau dans le pays que celle que l'on fait venir par tonneaux, de quarante lieues au-dessus du Sénégal, après avoir passé les plus forts marigots. On trouve cependant une source d'eau très-bonne à quatre lieues au-dessus de Gandiole, sur la route de Gorée au Sénégal, mais elle n'est pas assez abondante pour le besoin que l'on en a. Quant aux alimens, ils ne sont pas plus sains, quoi qu'en disent les voyageurs & leurs historiens qui se sont efforcés de mentir à l'envie l'un de l'autre, en parlant de ces tristes contrées. La viande en général y est détestable, & le poisson de mauvais goût. Il faut même le manger dans le jour où il est pris. Le lendemain matin il faut absolument le jetter à l'eau. Les bœufs fournissent la meilleure viande. Ils sont plus de moitié plus petits & plus bas montés que ceux de la France, même que ceux de la Bretagne. MM. Adanſon & Dumanet ſe ſont plûs à embellir les relations qu'ils ont compoſées de ces pays où ils ont trouvé tout merveilleux. Moi qui ai parcouru la plus grande partie de ces cantons, je n'ai trouvé le pays que du plus au moins déteſtable. On ne peut en parler avantageuſement que lorſqu'on a des raiſons pour le faire. La compagnie du Sénégal retire un très-gros bénéfice du commerce qu'elle y fait : elle a donc le plus grand intérêt de faire croire que ce pays eſt un paradis terreſtre ; car ſi on le connoiſſoit tel qu'il eſt, on ne trouveroit perſonne qui voulût y aller, y ayant cinq contre un à parier qu'on y terminera ſes jours, ſans compter les riſques du voyage, & cela, en ne s'engageant que pour trois ans.

Cependant il faut dire à l'avantage de ce charmant pays, que lorſqu'on s'ennuie de vivre, on y trouve bientôt la fin de ſon exiſtence, ſans ſe donner la mort ; il ſuffit ou d'y reſter, ou pour hâter la fin de ſes peines, de faire le voyage de *Galam*.

Quant au contraire on veut reculer un peu ſon dernier moment, il faut ſe contenter de la nourriture des negres ; mais quelle nourriture ! Les femmes pilent le mil dans des mortiers de bois ſur le ſable, mais il eſt ſi mal-écraſé qu'on le ſent craquer ſous ſes dents en le mangeant. La promenade eſt ſans agrément, parce qu'on ne ſort jamais ſans danger de cette iſle, & qu'on ne trouve des aſpects un peu agréables, qu'à dix lieues au-deſſus de la colonie. De plus on y eſt toujours expoſé, ſoit de la part des hommes, à être faits captifs, ſoit de la part des animaux féroces, tels que les tigres & les lions, à être dévoré. Encore ne peut-on se permettre ces sortes de promenades que lorsqu'on est en paix avec les naturels du pays. Que ceci ne paroisse point contradictoire, car il existe au Sénégal, comme dans le reste de l'Afrique, des troupes de brigands qui enlevent tout ce qui se présente à leurs yeux, & qui sont les ennemis de tout le monde. On peut donc, quoiqu'en paix, se trouver exposé ; & on l'est d'autant plus qu'il y a toujours des partis en campagne. Ces partis n'attaqueroient pas les habitans de la colonie sur ses terres, mais les trouvant sur celles de leurs ennemis, ils profitent de l'occasion, au grand désespoir des pauvres curieux. Enfin pour donner l'idée la plus juste de cette triste colonie, on peut dire, sans exagérer, que c'est l'endroit le plus détestable de la terre, & qu'il faut ou ne point le connoître, ou n'avoir que ce moyen de subsister, pour ôser s'y fixer.

Jusqu'à l'arrivée du petit Bric, le Furet, armé par mon ami, j'eus le temps d'étudier le caractere des habitans du Sénégal, & de connoître leur maniere de travailler. Ce fut l'unique objet auquel je m'appliquai. J'étois persuadé que je ne réussirois jamais sans connoître à fond les gens avec lesquels il me falloit traiter. Je fus aidé dans ce travail par le jeune Floquet, que son frere avoit laissé à la colonie, & qui, aidé par M. le comte de Répentigny, avoit fait des affaires, peu considérables à la vérité, mais assez heureuses.

Il n'y avoit alors au Sénégal que trois maisons européennes, qui faisoient à elles seules la plus grande partie du commerce, savoir : la maison de la compagnie, qui ayant le privilege exclusif de la gomme, s'occupoit aussi de la traite des negres; cette maison étoit sans contredit la plus considérable, mais la plus mal gouvernée; ceux que la compagnie y avoit envoyés à cet effet n'ayant aucune connoissance de ce commerce. Elle étoit donc la moins redoutable. Celle de M. Aubry de la Fosse, de Nantes, étoit mieux conduite. Elle faisoit avec moins de fonds des affaires bien plus considérables, & étoit conduite par M. Vigneux, ancien capitaine de navire, de Nantes. Ce capitaine étoit celui qui, profitant de mon malheureux naufrage, arrivé le 17 janvier 1784, avoit fait une de ces traites surprenantes pour le bénéfice, appas trop séducteur pour ne pas causer la mort & la ruine de beaucoup de François. Il fit encore en 85 & 86 de superbes opérations, sans s'éloigner du Sénégal; la derniere cependant lui coûta la vie.

La troisieme maison étoit gérée par M. Paul Benis, qui travailloit uniquement pour son compte. Il avoit été jadis tonnelier de la compagnie à Gorée; & lorsque cette isle tomba au pouvoir des Anglois, il s'étoit réfugié au Sénégal. C'étoit lui qui connoissoit le mieux la colonie; il parloit negre comme les negres mêmes, vivoit à leur maniere, & s'emparoit toujours des meilleures affaires. Cet homme ne savoit ni lire ni écrire; son long séjour dans ce pays l'avoit instruit du commerce, mais il ne supportoit la concurrence que vis-à-vis de la compagnie; car Vigneux, quoique sans connoissance des lieux, avoit sur lui l'avantage, étant mieux assorti & aidé des conseils des habitans, ennemis nés de tout ce qui porte le nom de compagnie.

Les principaux d'entr'eux, negres ou mulâtres, qui s'adonnent au commerce pour leur compte, étoient *Thévenot*, qui dans sa jeunesse a dépensé beaucoup d'argent à Paris, prenant le titre de prince Africain; *Saint-Jean*, son beau-frere, fils d'un ancien gouverneur anglois du Sénégal, qui avoit été à Londres; *Lejuge*, de la même famille, qui avoit voyagé dans l'Inde & dans toute l'Europe : *Dubois*, particulier negre, le plus rusé de tous, ne faisant des affaires que pour la compagnie à condition d'en avoir une bonne part; & plusieurs autres qui travailloient tantôt pour leur compte, tantôt pour ceux qui se servoient de leurs talens. Il y avoit aussi deux Maures de la famille des Sherifs, qui s'adonnoient au commerce. Blancs ou negres, Mahométans ou Chrétiens, aucun d'eux n'a jamais connu la bonne foi, elle est entiérement bannie de ce commerce, les paroles d'honneur sont comptées pour rien, c'est à qui usera de finesse. Quand on fait un marché, il faut le terminer sur l'heure, sinon le tenir pour nul. Telles étoient les personnes avec lesquelles je me voyois sur le point de négocier.

Malgré sa stérilité, le Sénégal est habité par plus de six mille negres, tant libres que captifs de Tapades, ou negres nés chez des habitans negres du pays. Jamais on ne les vend, à moins qu'ils ne commettent quelques crimes. Leurs cases environnent la demeure de l'habitant negre. Elles ont la forme de grandes ruches à miel, & sont soutenues par quatre piquets. Le comble peut avoir douze à quinze pieds d'élévation : la largeur des cases est ordinairement de 10 à 12 pieds en tous sens. Les lits sont des claies posées sur des traverses, soutenues par de petites fourches qui s'élevent à un pied de terre : ils s'y couchent pêle-mêle, hommes, femmes, filles & garçons. On fait le feu au milieu de la case, & il faut être negre pour résister à la fumée, qui n'ayant point d'autre issue que la porte, remplit entiérement leurs demeures.

Les hommes sont de la haute taille, & les femmes sont les plus belles négresses de l'Afrique. On peut dire que les Sénégalois sont les plus braves de toute cette partie du monde, sans même en excepter les Maures, leur courage tient beaucoup plus de la témérité que de la bravoure. Dans le voyage de Galam, on les voit affronter en chantant les plus grands dangers, ils ne craignent ni fusils ni canons. Les caymans ou crocodiles ne peuvent les effrayer. Un des leurs, tué & mangé par ces animaux, ne les empêche point de se jetter à l'eau si la manœuvre du navire l'exige. Ces belles qualités qui les distinguent, & dont ils font gloire, ne les garantissent point de la contagion du pays qui les porte tous à la rapine : c'est à qui usera de plus de ruses pour surprendre & frauder. Il est à croire que les Européens n'ont pas moins donné lieu à ces défauts, que les instructions de leurs marabous, qui les engagent à voler les Chrétiens le plus qu'ils peuvent.

Les negres Yolofs du Sénégal sont ou Chrétiens ou Mahométans, ou plutôt l'un & l'autre; ou encore mieux ni l'un ni l'autre; la religion leur est égale. Ceux de la grande terre sont comme eux, ils ne tiennent à leurs préjugés que pour la forme. Un patte de fer, une masse de verroterie les font changer d'avis à volonté. Par ce moyen, on les tourne comme on veut, preuve certaine qu'ils n'ont point de principes de religion ; mais qu'ils ne fuivent que des coutumes reçues. Les marabous ou leurs prêtres & leurs hommes de loi font comme les autres. J'en ai examiné plus d'un, & j'ai toujours trouvé, même parmi ceux de la nation des Poules, ou Peuls, où on affure qu'ils font extraordinairement fanatiques, & qu'ils ne font attachés à leurs idées qu'en public. » Ce blanc » le fait, difent-ils, il a plus de connoiffances que » moi, pourquoi ne l'imiterois-je pas "? Ce raifonnement eft général dans tout ce pays.

La colonie du Sénégal eft environnée d'ifles, qui toutes, font encore plus mal faines, qu'elle ne l'eft elle-même, à caufe de la proximité de la mer. Elles font remplies de marigots *ou étangs* qui, lorfque le foleil les feche, infectent l'air d'une odeur fétide, & les couvrent d'infectes, ce qui les rend prefque entiérement défertes par la mortalité que ces odeurs putrides occafionnent. C'eft, fans doute, la même caufe qui enleve tant de François au Sénégal pendant les quatre mois de mauvaife faifon. La mauvaife qualité des eaux peut bien encore y être pour beaucoup. Les eaux fortant des marigots qui avoifinent la colonie, font corps avec les eaux du fleuve, mais elles n'ont point le temps d'être battues par le courant, & elles ont une douceur fade qui les fait aifément reconnoître : cet objet eft, je crois, effentiel à obferver : il mériteroit l'attention de nos médecins inftruits, & conferveroit à l'état un grand nombre de citoyens.

De tous les François qui étoient au Sénégal attachés aux diverfes maifons de commerce, aucun ne voulant remonter à *Galam*, lieu le plus confidérable pour le commerce, parce qu'aucun d'eux n'y avoit été, je me déterminai à faire ce voyage. Je voyois la supériorité des moyens des autres maisons, je voulois former la mienne. Ce n'étoit que par les connoissances locales que je pouvois y parvenir. J'espérois par ce moyen que si je n'étois pas en état de supporter la concurrence dans la colonie, au moins j'aurois sur toutes les autres maisons, l'avantage en riviere. Je me décidai donc à partir pour Galam. Les rapports des habitans & des blancs sur ce voyage, ne me permettoient point de douter des dangers auxquels j'allois m'exposer; mais je voulois travailler. J'avois vécu parmi les Maures, toujours couché nud à l'injure de l'air; j'avois supporté la plus affreuse misere pendant le temps de mon esclavage, je connoissois la solidité de mon tempérament; je ne pouvois croire tout ce qu'on me disoit du mauvais air de ces cantons; je voyois les negres se disposer avec joie à faire ce voyage, pouvois-je hésiter?

En attendant l'arrivée du Furet, nous nous occupâmes à ramasser le sel pour nous & pour le bâtiment de roi qui se disposoit à remonter le fleuve. Cette traite se fait près de la barre du Sénégal; & pour traiter en ce genre, on n'a besoin que de sabres, poudre, pierres à fusil, balles & verroterie. La barique de sel me revint cette année à trois livres, & elle fut vendue cinq livres au Sénégal à ceux qui n'avoient pas voulu ou n'avoient pas eu le temps ni les facilités d'en faire eux-mêmes la traite.

Le 26 de juillet, le convoi se mit à la voile, & remonta le fleuve. Il étoit composé de vingt-sept bâtimens frétés par les habitans, d'un bâtiment de cinquante tonneaux nommé le Maure, appartenant à Paul Benis; de la grande Gabarre de M. Vigneux, géreur de la maison Aubri de Nantes, du port de cent quatre-vingts tonneaux; & du bâtiment de roi, nommé le *Bienfaisant*, capitaine Thévenot, habitant du Sénégal, chargé des coutumes ou droits pour les différens princes du pays.

La compagnie, toujours lente dans ses opérations, n'avoit pas encore ses bâtimens prêts, lorsque nous vîmes arriver le Bric, le Furet. Le même jour qu'il parut devant le fort, il entra en riviere. Nous procédâmes aussi-tôt à son déchargement. On le répara, & nous le chargeâmes pour la traite. Je partis sur ce navire du fort Louis, le 16 août 1785, à huit heures du matin.

Mon navire de soixante-dix tonneaux, mais léger & fin voilier, avoit un équipage composé de vingt-quatre *laptots*, quatre *gourmets*, un maître de *langue*, un charpentier, un capitaine en second, six *pileuses*, & une douzaine de *repasses*. Par *laptot*, on entend un matelot negre; les *gourmets* sont les officiers ou plutôt les timoniers, car les negres ne connoissent qu'un chef qui est le capitaine. Le maître de *langue*, n'est autre chose que le maître d'équipage, qui entend & commande la manœuvre en françois. Les *pileuses* sont les femmes qui préparent la nourriture, & qui blanchissent le linge pendant le voyage. Enfin les *rapasses* sont des enfans negres qui ne sont point payés, & servent dans les bâtimens, comme nos mousses; les enfans d'habitans ou de negres de Tapade font les mêmes voyages & le même ouvrage : on les accoutume par ces moyens à la fatigue & à la connoiſſance de la riviere.

A peine eûmes-nous quitté le Sénégal, que tout l'équipage ſe mit en priere. Chacun paroiſſoit triſte & conſterné, & regardoit, les larmes aux yeux, cette triſte langue de ſable où il avoit pris naiſſance, où il abandonnoit ſa femme & ſes enfans. Il leur faiſoit de triſtes adieux, comme ſi tout eſpoir de les revoir étoit entiérement perdu. Ces cérémonies lugubres & ces regrets des negres, plus que tous les raiſonnemens, me firent juger des dangers du voyage. Mais à peine eut-on perdu la colonie de vue, que la joie reparut ſur tous les viſages, & que tous les laptots ſe mirent à chanter.

M. le comte de Repintigny, gouverneur du Sénégal, m'avoit engagé à raſſembler tous les bâtimens traîneurs, afin de les eſcorter juſqu'au lieu du rendez-vous du convoi. Le même jour ſur le ſoir, je rencontrai le bateau d'un nommé Soliman qui avoit appareillé de la colonie, trois jours avant moi. Comme il n'avoit que trois laptots à ſon bord, je le laiſſai, ne me croyant pas obligé de remorquer un bateau, dont le chef n'avoit point eu la précaution de prendre ſuffiſamment de monde pour ſa manœuvre. Je ne voulus point retarder mon voyage pour lui, quoique mes negres, ſachant les ordres du gouverneur, vouluſſent lui donner du ſecours; & je lui ordonnai de retourner au Sénégal; ce qu'il fit, n'en étant tout au plus éloigné que de huit lieues.

On carga les voiles ſur les huit heures du ſoir : nous étions aux grands marigots qui vont joindre *Portandic*. On baptiſa le navire ſuivant l'uſage des negres, ainsi que ceux qui n'avoient point encore passé dans cet endroit. On fit faire une décharge à ma petite artillerie, qui consistoit en six pierriers, six espingoles françoises & quelques espingoles angloises. Pour cette cérémonie, le maître de langue, accompagné de deux gourmets, fait jetter l'ancre & assemble tout l'équipage. Il fait charger toute l'artillerie, prend de l'eau du fleuve dans un vase, & en jette par trois fois sur le navire en divers endroits. A chaque opération, pour que la cérémonie soit en grand, on fait une décharge, puis lorsque le bâtiment est baptisé, le même homme vient à ceux qui n'ont point encore fait ce voyage : ce sont ordinairement les blancs & les rapasses. Il me mit de l'eau du fleuve au front & au menton ; & alors, on fit une nouvelle décharge. Enfin pour terminer la fête, je fis bien boire tout l'équipage. Notre chaloupe ne tarda point à nous joindre, & toute la soirée se passa dans la joie.

A peine étions-nous rentrés dans la chambre pour prendre du repos, que les laptots de quart avertirent qu'ils entendoient sur le fleuve un bruit causé par des rames. On se mit à observer, & on ne tarda point à voir que c'étoit un canot de negres qui faisoient tous leurs efforts pour nous joindre. Arrivés à bord, ils nous apprirent que le bateau le *Maleime*, appartenant à Scipion mon capitaine, s'étoit brisé, & avoit coulé bas à dix lieues au-dessus de *Podor* ; qu'*Admet Moctar*, roi des Trassarts, peuple Maure, prétendoit avoir sa moitié des objets sauvés de ce naufrage, en donnant pour unique raison que c'étoit Dieu qui le vouloit, puisqu'il avoit permis que ce bateau fît naufrage

frage sur ces côtes. J'écrivis aussi-tôt à M. de Répentigny, gouverneur du Sénégal, le priant de vouloir bien m'envoyer ses ordres sur le parti à prendre ; puis leur ayant fait donner à manger, je les fis partir à l'instant pour la colonie.

Je voulois attendre la réponse du gouverneur à Podor, avant que de rien terminer avec *Admet Moctar* : je ne pressai point la route, nous séjournâmes au village de Reims. Le marabou, chef du lieu, nous engagea à descendre. Nous allâmes à la chasse. Le pays est couvert de gibier ; aucuns coups ne portoient à faux, ce qui me donna beaucoup de plaisir. Sur les cinq heures du soir le vent ayant augmenté, le bâtiment chassa sur son ancre, & se trouva échoué sur la côte des Maures. Tous les jours on échoue en riviere. Cela n'est point dangereux, la riviere est pleine de bancs de sable, & on ne commence à courir de dangers qu'à *Doumons*. On amarre même le bâtiment à terre toutes les nuits. Ainsi lorsqu'on voulut partir, on eut bientôt mis le navire au large. Pour cette manœuvre les negres sautent tous dans l'eau, & se portant du même côté, poussent le navire à flot. Souvent il en périt dans cette maniere de travailler, mais ils n'ont point d'autre coutume : ils la trouvent la plus prompte & la moins pénible. Nous perdîmes une ancre ce jour-là : malgré les recherches qu'on en fit, on ne put jamais la draguer.

On se remit en route, & nous vîmes dans la plaine un camp de Maures de quatre-vingts à cent tentes. Ils devoient me vendre des bœufs & des captifs, mais nous n'eumes point le temps de nous y arrêter. Le 19 nous vîmes le village de Berne, situé sur la rive des Maures, près du désert de Saara, qui s'étend jusqu'à cette partie de la riviere. Ainsi j'eus l'avantage, après avoir parcouru pendant mon esclavage l'intérieur de ce vaste désert, d'en voir cette fois-là l'extrêmité. Deux superbes palmiers, l'un d'un côté du désert, l'autre à l'extrêmité, en marquent les bornes, ainsi que du côté du Biledulgerid : ce qui le termine sont deux hautes colonnes que j'avois vues dans la plaine avant que d'entrer sur les terres des Monselemines.

En quittant le désert sur la rive opposée, je vis le village de Brac, appartenant au roi des negres Walons. Le roi de ce pays avoit été ministre de l'ancien, & l'avoit fait assassiner par les Maures d'*Halicory*, roi des *Bracnars*. Ce fut sous le spécieux prétexte du bien public qu'il s'empara du trône ; mais il paya sa perfidie par sa mort : car ayant eu quelque différend avec *Halicory*, il le fit étrangler quelque mois après mon départ. Ce Prince n'étoit point dans son village lorsque nous passâmes, mais ses affidés & ses femmes vinrent au bâtiment. Je leur donnai quelques bouteilles d'eau-de-vie & m'en débarrassai par ce moyen.

Dans la nuit du 20 au 21, nous arrivâmes à Podor, nous y trouvâmes le bateau du Shérif qui appareilla aussi-tôt qu'il nous eut apperçus. Sur les huit heures, je descendis à terre, & me rendis au fort, où étoit déja à m'attendre, *Admet Moclar*, roi des Trassarts. Ce prince, contre toutes les loix, sans s'arrêter à ses premieres demandes, vouloit avoir toutes les marchandises qu'avoient sauvées les laptots de Scipion. Il ne parloit plus de partager, il prétendoit que tout lui appartenoit ; & que par ce naufrage, les laptots mêmes étoient devenus ses captifs. Il vouloit me contraindre de payer leurs rançons ; on avoit beau lui dire que si tous les ans, le roi de France lui payoit des coutumes, que c'étoit pour faciliter le commerce, par une entiere liberté de travailler le long de la riviere. Il ne vouloit rien entendre ; & ferme dans son dessein, menaçoit de m'attaquer, soit que je descendisse au Sénégal, soit qu'il me plût de continuer le voyage de Galam. Il savoit que j'étois arrivé depuis peu au Sénégal, & étoit loin de penser que ses paroles & ses menaces ne me faisoient aucune impression. Il vouloit m'intimider, & espéroit par ce moyen acquérir, sans qu'on pût rien réclamer, les marchandises que le commandant de Podor avoit eu la foiblesse de lui livrer ; mais j'avois été esclave chez les Maures, j'avois appris par mes malheurs à les connoître parfaitement. Mon bâtiment, avant que je le quittasse pour me rendre au fort, étoit en état de défense, les pierriers, les espingoles, les armes de la chambre, tout étoit prêt pour le combat. J'avois donné ordre au second, d'attirer le plus de Maures qu'il pourroit dans le navire, de les désarmer aussi-tôt, & de les faire descendre dans la cale. Mes précautions ne furent point inutiles, car voyant que je ne voulois rien céder, Admet Moctar ordonna à un de ses officiers de dire à son frere de s'emparer de mon navire. Ce prince ne se cacha point de nous, pour donner ses ordres, je l'entendis, & il ignoroit que j'eusse la moindre connoissance de son langage.

Je quittai à l'instant l'assemblée, sous prétexte de besoin; & ayant fait venir un negre fidele, je l'envoyai à bord ordonner à mon second de mettre aux fers les Maures qui étoient en sa puissance, d'en attirer le plus possible, & sur-tout le frere du roi, de le mettre également aux fers dans la cale. Scipion, mon capitaine, qui étoit accoutumé aux combats, entendant & parlant parfaitement l'arabe, avoit compris les ordres d'*Amet Moctar*: il les lui avoit reprochés, même en le menaçant, & quitta précipitamment l'assemblée pour se rendre à son bord. Il fut surpris à son arrivée d'y trouver le frere d'*Admet Moctar*, désarmé & aux fers. Voyant que son équipage étoit loin de se laisser surprendre, il revint au fort. Pendant cet intervalle, déjeûnant avec M. Duchozel, commandant à Podor, je lui fis part des desseins d'*Admet Moctar*, des ordres que j'avois donnés pour les prévenir. Dès qu'il eut à peine entendu jusqu'à quel point se portoit l'audace de ce sauvage, il fit prendre les armes à son détachement, revint trouver *Admet Moctar*, & lui dit, que les affaires du commerce n'étant point de son ressort, qu'il eût à s'arranger avec moi sur ses différends; mais qu'il ne souffriroit jamais qu'on attaquât un navire de sa nation, sous le canon du fort qu'il commandoit. Ces paroles déconcerterent entiérement *Admet Moctar*. Ayant parlé arabe, il ne croyoit pas qu'on l'eût entendu; car il ne savoit pas que Scipion le parloit aussi bien que lui : il ignoroit aussi les précautions que j'avois prises, & se voyoit dans un fort, au pouvoir de soldats françois sous les armes. Il fut encore plus intimidé, lorsqu'un de ses affidés vint lui dire que tous les negres du village de Podor, instruits par mon équipage, avoient couru aux armes; qu'ils s'étoient emparés de celles de sa troupe; qu'elle étoit exposée, sans pouvoir se défendre ni attaquer, entre le village, le fort & mon bâtiment; que tous les negres chantoient le cris de guerre; & qu'ils n'attendoient que mes ordres pour égorger ses sujets. Dans ces circonstances, éloigné de lui d'environ dix pieds; ayant mes pistolets amorcés & armés, je n'avois à redouter qu'un coup de poignard; mais j'étois résolu de le tuer au premier mouvement qu'il feroit. Comme j'étois environné des plus braves de mes gens; je lui reprochai en arabe sa perfide résolution. Il fut anéanti en m'entendant parler sa langue; & cédant à la force & aux circonstances, il me dit qu'ayant toujours été ami des François, son intention n'avoit jamais été de s'emparer de mon navire, mais bien de réclamer ce que les loix de son pays lui accordoient; que plutôt que de se battre contre une nation qu'il aimoit & à laquelle il devoit son élévation & l'autorité dont il jouissoit, il alloit se retirer dans ses terres. Il croyoit traîner les choses en longueur par ce subterfuge; mais sur la demande que je lui fis, que s'il parloit comme il pensoit, il eût à me rendre les objets dont il s'étoit emparé, il vit bien qu'il n'y avoit plus lieu de tergiverser; & me dit, qu'ayant distribué les marchandises à ses affidés, & ces marchandises étant coupées, il ne lui étoit plus possible de me les rendre, mais qu'il s'engageroit volontiers de rendre à Scipion, la valeur de tout ce dont il s'étoit emparé sur ce qui lui reviendroit des droits. Des paroles d'un tel homme ne me contentoient point : je voulois un engagement signé de lui & de ses ministres. Il ne le vouloit point. Sa parole, disoit-il, devoit suffir. Il y avoit déja quatre heures que nous étions à nous disputer sur ces articles, lorsqu'on vint lui annoncer que son frere, qui s'étoit rendu à mon bord, ne paroissoit plus sur le pont. Cette nouvelle l'inquiéta, & sachant bientôt qu'il y étoit arrêté, il ne fit plus le difficile, signa ce que l'on voulut, rendit la liberté aux laptots de Scipion, & consentit à tout rembourser. Cet écrit fut signé de lui, de ses deux principaux ministres & de son frere, qui par cet engagement obtint la liberté, & fut conduit au fort par mes negres, lorsqu'on m'eut rendu les deux habitans du Sénégal, qu'*Admet Moctar* avoit fait arrêter à son arrivée à Podor.

Alors j'engageai ce prince à venir me voir à mon bord. Mais craignant que je ne le traitasse comme j'avois traité son frere, il ne voulut jamais se fier à ma parole. Il interrogea les laptots, & sut d'eux que j'avois été l'année d'avant esclave dans le désert & à Maroc. Le lendemain nous nous revîmes en amis : il me questionna beaucoup sur les forces des Mongearts, des Monselemines, & principalement sur le caractere & les forces de *Mouley-Abdramene*, fils de l'empereur de Maroc, qu'il savoit être à la tête d'un parti puissant dans le désert. Il n'ignoroit pas que si ce prince venoit à paroître sur ses terres, tous les Maures le reconnoîtroient à l'instant pour leur souverain ; & il vouloit s'éclaircir sur les intentions qu'il pouvoit avoir.

Sydy-Hali, son frere, vint me voir. Je le fis désarmer aussi-tôt, suivant la coutume des Maures. Je lui fis remarquer la force de mes pierriers & de mes espingoles ; & lui demandai si avec cela, un François ayant Scipion pour capitaine, devoit craindre les menaces de son frere. Je lui donnai à boire beaucoup d'eau & de sucre, & il se retira vers le soir.

Le lendemain, étant au moment d'appareiller, nous apperçûmes le canot de Scipion, qui venoit du Sénégal avec des ordres du gouverneur. Je descendis de nouveau, & allai trouver *Admet Moctar* qui signa un second engagement conforme au premier, de tenir compte sur ses coutumes de la valeur des marchandises dont il s'étoit emparé. Il me fit présent de deux bœufs, de dix moutons, de plumes & d'aigrettes d'autruches, & m'engagea beaucoup à venir le revoir, lorsque je serois de retour de Galam. Je le lui promis : & le quittai fort satisfaits l'un de l'autre.

Le vingt-quatre, à dix lieues environ de Podor, nous apperçûmes le mât du bateau le *Maleime*, qui s'étoit perdu le douze, ayant touché sur un tronc d'arbre qui l'avoit fait couler bas. Scipion me demanda la permission de sauver quelque chose de son navire ; & d'après mon consentement, il dirigea sa route de son côté. On travailla tout le jour, pour lever ce bateau ; on l'approcha de terre, & sur le soir voyant l'impossibilité de le mettre à flot, on se contenta d'en tirer le grand mât, le beaupré, le gouvernail & l'ancre.

Le lendemain je perdis un laptot nommé Bacary, appartenant à Isabelle-Nagot, chez qui je logeois. Cet homme étoit bon plongeur. Il se jetta à l'eau, & aussi-tôt nous le vîmes disparoître. Sans doute qu'il fut emporté par un de ces caymans ou crocodiles dont la riviere est remplie. Comme on étoit obligé d'aller à la touë, manœuvre qui accable un équipage, je voulus faire diversion à la peine de mes gens, & au malheur qui venoit de nous arriver. A cet effet, je fis bien donner à boire aux laptots. Le soir nous mouillâmes près du village de *Donguelle*, où j'achetai trois dents de morphil pour un peu de poudre. Une lieue plus haut, nous passâmes le rocher de *Gdioul-de-Diabbé*, l'endroit le plus dangereux de toute la riviere. En revenant de Galam on peut bien nommer cet endroit la *gueule du diable*; car on fait feu de l'avant & des deux côtés sur les navires, dans le moment où il faut vaincre les difficultés presqu'invincibles de passer ce rocher.

Appliqué uniquement aux objets de commerce, ce qui étoit mon unique bien, & n'ayant point assez d'aisance pour employer une partie de mon temps à faire des remarques, je ne faisois que légérement attention à l'histoire naturelle, aux sites & aux productions de ces contrées. Dans toute l'étendue du pays appartenant aux *Poules*, pays qui commence à deux lieues au-dessous de Podor, on ne voit que des forêts épaisses qui couvrent les bords de la riviere, & la rendent fort malsaine. Jamais un vent frais n'a soufflé dans cette contrée. A la chaleur horrible du climat, se joint l'odeur dangereuse des arbres en fleurs: odeur qui affecte sensiblement les narines, & à laquelles on n'échappe que par miracle. Ce pays est rempli de bêtes féroces de toutes les especes: c'est l'immense réservoir de l'Afrique. Les serpens y sont d'une grosseur & d'une longueur prodigieuse; mais ils n'ont pas de quarante-cinq à cinquante pieds comme l'affurent quelques auteurs. J'offris, d'une peau de ces animaux, qui pouvoit avoir vingt-huit pieds, la valeur d'un esclave, mais on me refusa. Si l'on en trouvoit communément de cinquante pieds de long, comme le dit M. Adanson, il est sûr que mes negres m'auroient empêché d'offrir un prix si énorme, d'une peau si commune. Mais quand on a passé le tropique, il est d'usage de dénaturer les faits; & on appelle alors dire la vérité, quand on n'exagere que de moitié.

Les crocodiles sont fréquens dans ces cantons; c'est le lieu de toute la riviere où ils sont en plus grand nombre; sans doute, à cause du voisinage des bois, où ils peuvent se mettre à l'abri des chasseurs. On en voit très-peu au Sénégal; encore n'est-ce que lorsque les eaux sont douces. Ce qui fait que pendant presque toute l'année, on n'en rencontre qu'à quarante lieues environ au-dessus de l'embouchure du fleuve. Comme les requins ne vont point dans l'eau douce, la riviere est toujours dangereuse; car les requins finissent où les caymans commencent, & par conséquent, dans tous les temps & dans tout le cours du fleuve, on court un danger imminent lorsqu'on ose s'y baigner.

Les hyppopotames, ou chevaux marins, se trouvent aussi en grand nombre dans le royaume des *Poules*. Cet animal est amphibie comme le crocodile: il vit également sur terre & dans l'eau; il est plus gros de moitié que nos plus gros bœufs, cependant quelquefois il y en a de très-petits; mais quand l'animal est parvenu à sa croissance, il est extraordinairement gros. On en peut juger par sa tête, qui, sans être tout-à-fait proportionnée à son corps, l'est cependant assez pour en donner une idée juste. On en a au Sénégal d'entiérement déchaînés & dégarnis de leurs dents, qui pesent de cent cinquante à deux cents liv. J'ai vu des dents d'hyppopotame qui pesoient sept livres. Cet animal n'est pas à redouter dans ce climat. On a peu de peine à le tuer : il n'attaque jamais ; & ne se défend que quand il se sent blessé. Comme il est extraordinairement lourd, on a le temps de se garantir de sa furie, quand on le voit venir (1). Sa chair est très-bonne ; on la fait sécher au soleil par tranches, & elle se conserve très-long-temps. La graisse fondue forme une huile qui est excellente pour faire du savon : les negres l'emploient à cet usage ; & leur savon, s'il n'avoit point d'odeur, l'emporteroit pour la qualité sur le meilleur de Marseille. Il y a aussi dans ce canton une grande quantité d'éléphans : cependant jamais je n'en ai vu, quoique presque tous les jours, je descendisse à terre pour y tuer du gibier, & que de tous les côtés, je visse de leurs traces.

Les aigrettes se trouvent en grand nombre le long du Niger ; mais celles qui portent les plus belles plumes sont, sans contredit, celles que l'on rencontre à sept lieues au-dessous de Podor, dans une petite isle, qui dans les mois d'août & septembre, en est couverte. J'en tuai beaucoup dans cet endroit, & mes plumes avoient vingt-deux pouces de longueur, tandis que celles que je me

---

(1) L'hyppopotame du midi de l'Afrique n'est pas apparemment de la même espece ; car MM. Vaillant, Spaarmann & Paterson en parlent comme d'un animal fort dangereux & très-difficile à tuer.

procurai en riviere, n'avoient que de quinze à seize pouces tout au plus.

Le 28, le vent ne nous permettant point d'aller à la voile, je partis pour la chasse. Je trouvai dans les bois un arbre qui porte des fruits semblables à nos pêches. Je voulois les goûter; mais les negres m'ayant assuré que ce fruit est un poison violent, je ne me souciai pas d'en faire l'essai. Son noyau est presque semblable, mais beaucoup plus gros que celui de l'abricot.

Le lendemain vingt-neuf, sur les onze heures du matin, nous entendîmes plusieurs coups de canon. Les laptots crurent que c'étoit l'Almamy des Poules qui étoit arrivé à Saldé, pour recevoir les droits qui lui sont dus. Le 30, nous vîmes descendre le bateau de M. Pontret; on le *halla*: & il nous dit qu'il aimoit mieux, & il avoit raison, manquer le voyage de *Galam*, que de se soumettre aux coutumes que les Poules avoient établies en 1785, à un prix beaucoup trop fort. Il étoit François, & par cette raison, son bâtiment, quoique très-petit, auroit été contraint de payer la même coutume que les plus forts bâtimens. Il eût donné pour cet objet plus de moitié de ses marchandises, & en auroit été pour la perte de son temps, les fatigues du voyage & celles de la traite à *Tamboucanée*; au-lieu que s'étant chargé de mil à *Saldée*, il devoit se dédommager à la colonie des bénéfices qu'il auroit dû faire, s'il eût pu effectuer le voyage de Galam.

Le trente-un sur le midi, nous arrivâmes à *Saldé*. Ce village est situé à une lieue dans les terres, mais on mouille à sa hauteur, & c'est l'endroit où les *Poules* reçoivent leurs coutumes.

Quoiqu'elles soient réglées avec le gouverneur du Sénégal & les envoyés de l'*Almamy*, avant le départ du convoi pour Galam, il y a souvent, cependant, des difficultés lorsqu'il s'agit de les acquitter. Le *Tampsir* choisi pour cet objet, & le ministre de l'*Almamy* font naître le plus de difficultés qu'ils peuvent; ils veulent les recevoir toutes le même jour, & ne permettent à aucun bâtiment de continuer sa route pour Galam, que tout le convoi parti du Sénégal ne soit arrivé. Comme l'air de ce lieu est très-mal-sain, c'est ordinairement l'endroit où le plus grand nombre des François qui ont la témérité d'entreprendre ce voyage, tombent malades, & il n'en guérit que fort peu.

Aussi-tôt après notre arrivée, Saint-Jean, qui commandoit le bateau *le Maure* appartenant à Paul Benis, se rendit à mon bord, & m'apprit la mort de M. Bertrand, officier du bataillon d'Afrique, qui commandoit le convoi. Les coups de canon que nous avions entendus, n'avoient été tirés que pour ses funérailles, & non pour l'*Almamy* qui ne vint point cette année toucher ses coutumes. Ce capitaine me donna la note de ce qu'on exigeoit. Comme je n'avois pas encore fait le voyage, je ne trouvai point les prix trop considérables, quoiqu'ils fussent doubles de ceux qu'on avoit payés les années précédentes. Les capitaines du convoi s'assemblerent à mon bord, ainsi que les gens proposés par l'*Almamy*; on fit de part & d'autre des sacrifices, & les jours suivans, on paya ces coutumes, dont la plus grande partie fut mise en dépôt sur mon bord.

On se soumet à ces coutumes, afin d'être libres en riviere tout le temps du voyage, de pouvoir se promener à terre quand on veut; & d'avoir dans le pays les mêmes facilités que les naturels. Elles sont devenues très-considérables par la faute des divers gouverneurs du Sénégal, qui, plus attachés à leurs intérêts particuliers qu'à ceux de la nation françoise, ont tous les ans fait, pour le roi, de nouveaux présens à ces sauvages. Ils recevoient en retour des negres, & la valeur de ces captifs passe pour appartenir au roi. Mais si l'on en croit l'opinion générale, elle passe entierement dans la poche de messieurs les gouverneurs. Les negres de l'intérieur des terres, qui ne savent point se contenter, ni évaluer le prix des choses, exigent, des bâtimens européens, des coutumes proportionnées à celles qui ont été introduites par l'avarice des gouverneurs. En cette année 1785, la coutume payée à *Saldé*, monta à cinq livres en argent par barre: ce qui fit 3125 livres par chaque navire, chargé de 625 barres.

Cette coutume augmente en proportion que les marchandises en riviere ont une valeur plus considérable. Le baril de deux livres de poudre, par exemple, est compté pour quatre barres. Cent pierres à fusils, pour deux barres, &c. La récapitulation en barres de riviere fit monter cette coutume à 839, au-lieu de 625 barres. Les negres étant à soixante-dix barres suivant les conventions de *Galam*, pour cette année, on donna la valeur de douze captifs pour acquitter les coutumes: & cela fit même davantage; car le plus grand nombre des barres payées à *Saldé*, furent des barres pleines, au-lieu que dans le paiement des captifs, on n'en donne ordinairement tout au plus que quarante de pleines par negre, comme on le verra quand je parlerai du commerce.

Les gros bateaux des habitans negres payerent moitié de cette coutume, & les petits un quart. Il n'y eut que le bâtiment du Shérif qui ne paya rien. Comme ce peuple a dans sa religion quelques fragmens de celle de Mahomet, on ne croit pas juste de faire payer un homme reconnu pour être de la famille du grand prophête : aussi se contenta-t-on de sa bénédiction. Je voulus essayer s'ils se contenteroient de la mienne, mais ils préférerent mes guinées & mes fusils, ce qui nous fit rire, mais principalement le Shérif; car tout le profit est de son côté.

La nation *Poule*, ou *Foulque*, est une des principales qui occupent les bords du Niger. Cette nation possede, le long de ce fleuve, une étendue de terre de plus de cent soixante lieues. Elle commence au-dessous de *Podor*, à un endroit nommé *le Coq*, situé à deux lieues du fort, & finit à *Matame*, fort village, occupé partie par des *Poules*, partie par des *Saltiguets*, autre peuple peu nombreux, & que l'on confond assez ordinairement avec les *Poules*. Ce peuple n'est point aussi noir que les autres negres : il est cuivré, presque rouge; il a cependant de particulier, que les enfans de cette nation qui viennent au Sénégal, & qui y passent plusieurs années, deviennent beaucoup plus noirs. Les femmes y sont très-jolies, ce qui fait que les blancs du Sénégal ont toujours le soin de s'en procurer quelques-unes. Mais elles sont d'un mauvais caractere : jamais elles ne s'attachent à personne; & quand on a une maîtresse de cette nation, il faut la veiller de près, & bien la châtier, pour qu'elle ne fasse point d'infidélité à celui qui l'honore de ses faveurs. Alors la crainte de la bastonnade produit ce que les égards & la complaisance ne peuvent jamais obtenir.

Quoique la nation *Poule* habite un des plus beaux pays de l'Afrique, elle est cependant très-misérable; les peuples en sont lâches, cruels, voleurs & fanatiques à l'excès. Ils sont commandés par un chef de leur religion, méprisable mélange de mahométisme & de paganisme. Ce chef se nomme *Almamy* : il est toujours choisi parmi les *Tampsirs* qui sont au nombre de douze. Les *Tampsirs* sont les interpretes de la loi : ils sont les plus savans ou les plus fanatiques. Quand l'*Almamy* vient à mourir, on lui choisit un successeur parmi les *Tampsirs*. L'*Almamy* a droit de vie & de mort sur ses sujets; cependant il peut être déposé par une assemblée de *Tampsirs* : c'est pourquoi il est de son intérêt de les ménager. Le paiement des coutumes se porte chez l'*Almamy*, & se distribue ensuite entre les *Tampsirs*. Quoiqu'une part appartienne à l'*Almamy*, il exige toujours un présent particulier pour sa personne.

Le premier septembre, je dînai à bord du bateau *le Maure*, capitaine St. Jean. Je n'y vis point de blancs, tous ceux du convoi étoient malades. Le lendemain au soir, nous reçûmes un grain furieux. En voulant me mettre à l'abri de la pluie, dans la chambre du conseil, je tombai sur les malles, j'eus les jambes fort écorchées : ma tête porta sur la table, & le lendemain la fievre me prit. L'inflammation étant devenue considérable, on me saigna : je ne tardai point à perdre connoissance, & je ne la recouvrai qu'à mon arrivée à *Galam*, le 4 octobre. Je vis sur le journal de route, que les coutumes payées aux autres princes de la riviere avoient été très-modiques : elles ne se monterent, valeur du Sénégal, qu'à 120 barres, y compris deux pieces de guinées & un fusil à deux coups que l'on avoit donné à Sirman, roi de Galam.

Je descendis chez ce roi. Sa maison est bâtie en terre & est assez commode, couverte avec des roseaux en certains endroits, & de terrasses dans d'autres. On eut chez ce prince si grand soin de moi, que je ne tardai point à reprendre des forces. Tous les jours j'allois me promener sur les bords du fleuve. Deux negres m'y portoient ; & quand la chaleur commençoit à se faire trop sentir, je revenois à mon gîte ; on m'y mettoit sous une espece de hangard, où j'étois à couvert des ardeurs du soleil.

Les capitaines du convoi, & les marabous du pays s'assemblerent tous chez *Sirman*, roi de *Galam*, pour établir le prix des esclaves. Il fut convenu à soixante-dix barres, parmi lesquelles, on mêleroit quatre pieces de guinées. Ce prix arrêté, on monta aussi-tôt à *Tamboucanée*, escale principale pour la traite des negres & du morphil ou ivoire. Ce village est situé à quinze lieues environ de *Galam*. Les seigneurs des villages voisins, fâchés de ce que les Sénégalois choisissoient toujours Galam pour le rendez-vous général, réunirent leurs forces, & vinrent attaquer le convoi qui, faute d'eau, avoit été retardé à *Saldé*. Le bâtiment du roi & celui de M. Vigneux n'avoient pu encore monter à *Galam*, ils s'étoient arrêtés,

l'un

l'un à *Baquelle* & l'autre à *Cotterat*. Le *Furet* seul, qui ne tiroit que six pieds d'eau étoit armé suffisamment pour se faire respecter. Il mit à l'instant à la voile, & s'avança pour soutenir le convoi. La valeur de Scipion mon capitaine étoit connue de tous les princes negres. Ils n'oserent se mesurer avec lui; sa présence dissipa les facrieux, & obligea les negres à se tenir tranquilles.

Tombé malade à Saldé, premier endroit de séjours depuis mon départ du Fort-Louis du Sénégal, je n'avois pu visiter les diverses marchandises que l'on avoit embarquées en balles à la colonie, avec beaucoup de hâte, parce que la saison avançoit. Alors je visitai les marchandises pour faire passer les inférieures les premieres. Je trouvai avec surprise que toutes les guinées étoient de mauvaise qualité & avariées. Elles avoient sûrement été reteintes en France. Les armateurs, pour plus de bénéfice, les avoient achetées à très-bas prix. Mal instruits, aveuglés par l'appas du gain, ils furent cause que je manquai ma traite; aucune de ces guinées n'ayant pu passer pour le paiement des esclaves. Ce contre-temps m'obligea à changer de marche. J'ordonnai à mon capitaine de traiter tout ce qui se présenteroit avec les autres articles de la cargaison, & fis mettre à part les guinées les moins avariées, pour les changer contre quelques negres. Mon plan étoit de gagner sur l'or & le morphil de quoi me dédommager des pertes que la mauvaise qualité de mes guinées me faisoit éprouver. J'en avois tout au plus cent-vingt qui à la rigueur pouvoient passer. Scipion les prit, & partit avec la chaloupe & l'assortiment convenable pour traiter à *Tam-*

K

boucanée. Je gardai les pieces avariées, & me résolu de m'en servir pour les échanger contre tout ce qu'on me proposeroit.

La saison des pluies étoit passée : le retard essuyé pour le paiement des coutumes à *Saldé*, nous avoit infiniment nui. Je fus obligé, le 25 octobre, de m'embarquer pour descendre au Sénégal. Ma traite n'étoit point avancée ; je m'étois cependant procuré six negres avec mes guinées avariées. Je les aurois passé toutes, si j'avois pu rester plus long-temps ; mais ne voulant pas risquer mon bâtiment, je laissai Scipion avec sa chaloupe pour traiter suivant la coutume à Tamboucanée. *Sirman*, roi de Galam, vint me conduire à bord. Il n'y eut point d'attention qu'il n'eut pour moi. Comme j'avois été esclave à Maroc, il me regardoit avec surprise. Le respect que tous ces peuples ont pour l'empereur, s'étendoit jusques sur ma personne ; car ce petit roi me céda sa chambre & un bon lit, tandis que les blancs chargés des affaires du roi dans le convoi, n'étoient chez lui que sous des hangards. M. Molinard, l'un d'eux, étoit un ingénieur que l'on avoit chargé de lever le plan de la riviere & d'aller aux mines d'or. Il tomba malade à *Saldé*, & mourut à son retour de *Galam* au Sénégal.

Sirman, roi de *Galam*, aime beaucoup le vin. Je lui en fis boire tous les jours que je restai chez lui. J'avois cependant la précaution de ne lui en donner que le soir ; & pour en avoir, il falloit qu'il me fît rapporter mes bouteilles. Ce qui fit que le troisieme jour de mon arrivée, il ordonna à ses gens d'en prendre le plus grand soin. Il me conduisit à bord, & on fut obligé de le rapporter à son village, ayant bu outre mesure, pour me prouver le chagrin qu'il avoit de me quitter. Ce prince m'avoit acheté treize grains de corail; une demi-filiere d'ambre; vingt-huit grelots d'argent & trois paires de manilles pour ses femmes. Il devoit me payer en or ou en morphil, mais n'en ayant point, il me donna un negre superbe, quoique les objets que je lui avois vendus ne se montassent qu'à soixante-trois barres. Pour reconnoître sa générosité, je lui fis présent d'un sabre à pistolet, d'un peu de laine pour ses femmes, & pour sa favorite, qui seule lui avoit donné des garçons, je lui offris quelques paquets de verroterie, & environ quatre onces de laine rouge. Elle avoit eu le plus grand soin de moi; & je lui devois en partie le rétablissement de ma santé. Toute ma magnificence me coûta environ 36 sous.

La favorite du prince prétend être chrétienne. Elle avoit été jadis la maîtresse d'un nommé Labrue, chargé alors des affaires de la compagnie à Galam. Comme ce fut le roi qui m'apprit cette anecdote, je crois qu'elle suffira pour donner la mesure de la délicatesse des rois de ces cantons.

Galam est un petit village connu seulement parce qu'il est le lieu de l'assemblée des habitans du Sénégal, pour la convention de la traite, & par un mauvais fort que les François y avoient fait construire du temps de l'ancienne compagnie. Le pere du roi régnant avoit été laptot au Sénégal. Il étoit né libre chez la nation nommée Saracolet. Reconnu des negres pour brave, & parlant bon françois, il avoit été placé par la compagnie dans le fort, en qualité de courtier. Le grand Fouquet de Tuago, chef du pays, lui donna en toute propriété, le village de *Galam*, à condition qu'il se chargeroit de recevoir les coutumes des bâtimens européens. Son fils, qui est actuellement roi de *Galam*, fut élevé au Sénégal. Il parle françois & anglois ; & lorsque la compagnie abandonna le fort, il s'empara des canons, se fit un parti dans le pays, & se rendit redoutable à son souverain dont il devint entièrement indépendant. Il a plusieurs villages qui reçoivent ses loix. Il fait le plus grand accueil aux laptots du Sénégal, & à chaque voyage, il en retient quelqu'un par ses bienfaits, sur-tout ceux qui sont de la nation *Saracolet* ; car pour en avoir un, il donne à leur nation plusieurs esclaves en échange.

Les peuples qui, dans cette partie de l'Afrique, occupent les terres situées entre la riviere du Sénégal & celle de Gambie, sont tous *Saracolets*. Il n'y a de *Galam*, situé sur les bords du Niger, à la riviere de Gambie, qu'une journée & demie de marche. Les *Saracolets* reconnoissent pour souverain le grand Fouquet de Tuago. Ces peuples sont laborieux, ils cultivent la terre avec soin : ils ont tout ce qui est nécessaire à la vie, habitent de beaux villages bien bâtis, dont les cases en rond sont pour la plupart couvertes de terrasses ; les autres le sont en joncs, comme celles du Sénégal. Ce qui entoure leurs cases est en terre d'un pied d'épaisseur. Les villages sont environnés d'un bon mur de terre & de pierres de deux pieds d'épaisseur. On y entre par plusieurs portes, qui, pendant la nuit, sont toutes gardées, crainte de surprise de la part de l'ennemi. Cette nation est très-brave : il est rare de trouver des esclaves saracolets. Ils se défendent toujours avec avantage contre ceux qui osent les attaquer. On peut acheter sans crainte les *Saracolets* qu'on expose en vente, car on n'a de ce peuple (excepté en temps de guerre avec les *Poules*) que ceux que les loix condamnent pour quelque crime. Alors ces malheureux n'échapperoient pas de l'esclavage, même en se réfugiant dans leur patrie ; car ils seroient rendus à l'instant à leurs maîtres, ou punis de mort, si le convoi étoit parti. La religion de ce peuple tient beaucoup du mahométisme, mais encore plus de la religion naturelle. Ils reconnoissent un Dieu, & pensent que ceux qui volent ou commettent quelques crimes, sont punis éternellement. Ils admettent la pluralité des femmes, & les croient toutes immortelles comme eux. Ils passent légérement sur l'adultere ; car comme ils se permettent plusieurs femmes, ils ne sont pas assez injustes pour punir celles qui se permettent plusieurs hommes. Le troc est donc permis. On donne une femme pour une autre, à moins qu'elle ne soit libre & naturelle du pays. Dans ce dernier cas, on fait comme en France, on ferme les yeux ; quoique les loix sévissent expressément contre cet attentat à la premiere des propriétés. Cette nation est voisine des *Poules* : son étendue dans les terres est inconnue : ce que l'on sait, c'est qu'il existe quatre princes puissans qui la gouvernent, portant tous le nom de *Fouquet*, dont le moins puissant, au rapport des *Saracolets*, est celui de *Tuago*, qui peut mettre sur pied trente mille hommes de cavalerie, & dont les sujets occupent deux cents lieues de terrein, tant sur le Niger, que dans les terres au-dessus du rocher *Félou* ;

lequel rocher, suivant leur même rapport, forme des cataractes, d'où sortent le fleuve du Niger & la riviere de Gambie, aussi considérable que le Niger. Cette derniere riviere est plus navigable, roule moins de sables & forme moins de bancs. Son embouchure est à environ soixante lieues du Sénégal, en y allant par terre; & à soixante-quinze, en doublant le Cap-verd.

Le 24 octobre, sur le soir, Scipion, qui voyoit baisser les eaux à *Tamboucanée*, m'avoit envoyé un negre pour me dire de quitter *Galam*. Je m'étois embarqué le 25 sur les huit heures du matin, mais mes laptots n'avoient point encore vendu leur sel. Le second & le maître d'équipage voulurent rester malgré moi. Cependant le 26 voyant que tous les laptots étoient de mon avis, & que s'ils refusoient de partir on les mettroit aux fers, ils leverent l'ancre & se mirent en route. L'eau, pendant la nuit du 25 au 26, avoit baissé d'un pied, ce qui fit que nous échouâmes à une lieue environ de *Galam*. J'eus besoin, dans cette position, de toute mon autorité pour empêcher les laptots de tuer le second & le maître d'équipage, qui n'avoient point voulu partir aussi-tôt que je fus embarqué. Ils jetterent tout leur sel à l'eau pour alléger le navire, mais tous leurs efforts ne purent nous dégager. J'expédiai un *Saracolet* à Scipion pour l'instruire de la position dans laquelle je me trouvois. Il partit aussi-tot pour venir me trouver. Comme les chevaux sont excellens dans ce pays, il fit la plus grande diligence, changeant à chaque village, & arriva le lendemain vers les quatre heures du soir, à mon grand étonnement, car il étoit éloigné de nous d'environ seize lieues. Le courier que j'avois expédié, avoit fait la plus grande diligence, avoit trouvé des relais par-tout, & étoit revenu avec Scipion. Ne pouvant parvenir à nous débarrasser, après vingt-quatre heures d'un travail opiniâtre, il n'en falloit point tant pour décourager des negres qui n'auroient pas eu quelques blancs avec eux, & qui ne se seroient point senti commandés par le capitaine le plus expérimenté de la colonie. En arrivant, il fit cesser le travail des laptots, leur fit prendre deux heures de repos & de la nourriture, & en prit lui-même. Il connoissoit parfaitement la riviere; ayant visité les passes, il vit qu'il n'y avoit rien à craindre, ordonna la manœuvre, & réussit, en moins d'une demi-heure, à nous remettre dans le canal. Il resta vingt-quatre heures à bord, pour parer les bancs les plus dangereux, les fit tous éviter, sans que nous touchassions une seule fois, & sans fatiguer son équipage. Il nous quitta ensuite, après avoir tracé la route, & indiqué au second & au maître d'équipage, les endroits dangereux de la riviere. Il vouloit soutenir sa réputation, & malgré la mauvaise qualité de nos marchandises, il espéroit traiter avantageusement à *Tamboucanée*.

A environ dix lieues de *Galam*, nous vîmes le *Bric*, le *Furet*, n'ayant pu, faute d'eau, monter jusqu'à Galam. Il étoit à l'ancre devant *Cotterat*, dans un endroit où il y a de l'eau toute l'année. L'homme d'affaire de la compagnie, nommé Bardinal, parent du directeur du Sénégal, faisoit porter à *Galam*, dans sa chaloupe, toutes ses marchandises, dans l'intention d'y passer l'année. Il vint me voir à mon bord : je fis quelques affaires avec lui. Je lui cédai l'ambre, le corail & les grelots d'argent qui me restoient, & je lui procurai un bénéfice considérable par cette opération qui étoit aussi utile pour moi que pour lui : car je n'avois pas besoin de ces articles au Sénégal. Ainsi après avoir terminé, nous nous félicitâmes mutuellement de nous être rencontrés. Je l'instruisis ensuite de la valeur des marchandises que l'on vendoit en traite, valeur dont il n'avoit reçu que de fausses notions au Sénégal, ayant été trompé par ses laptots depuis son départ du Sénégal. Quand on est si éloigné de sa patrie, & qu'on n'a aucune communication avec ses compatriotes, le plaisir que l'on éprouve lorsqu'on a le bonheur d'en rencontrer un, fût-il même votre ennemi, ne peut aisément s'exprimer, & encore moins se définir. J'en fis une épreuve sensible en cette occasion. Travaillant pour le commerce libre, je ne pouvois croire qu'un employé de la compagnie viendroit me voir, sur-tout la maison à laquelle j'étois attaché, apportant à la colonie les plus grands obstacles à la réussite des projets de cette compagnie. Le 30, je me séparai de ce galant homme, ayant les larmes aux yeux ; car quoiqu'il fût en bonne santé, & que je fusse malade ; sachant que son intention étoit de passer l'année à Galam, j'étois convaincu qu'il n'auroit jamais le bonheur de revoir sa patrie ; & je me flattois de revoir la mienne. Il le croyoit comme moi : & nous avions raison ; car il tomba malade de fatigue huit jours après mon départ, & mourut en peu d'heures.

Le deux de novembre, après avoir passé le village de *Baquelle*, sans nous y être arrêtés, nous entrâmes dans le canal de l'isle du même nom. L'inexpérience du maître d'équipage fit qu'il ne put s'opposer au courant. Le navire se mit en travers, & échoua sur les roches vers les neuf heures du matin. Pierre *Mambao*, capitaine sénégalois, qui n'étoit venu à *Baquelle* que pour vendre du sel, nous envoya aussi-tôt son canot. J'y fis embarquer les marchandises les plus précieuses, & une de mes malles. L'autre disparut à l'instant, jamais je n'en eus connoissance; sans doute qu'elle me fut volée par mes negres. Sur les dix heures, voyant la cale de mon navire pleine d'eau, & le rivage couvert des naturels du pays, qui pilloient tout ce qu'on mettoit à terre, je fis porter sur l'isle, sur laquelle on ne pouvoit se rendre qu'à la nage, le reste de mes marchandises qui étoient encore dans mon navire, & me retirai à bord de Mambao, étant éloigné de mon navire tout au plus d'une demi-lieue.

J'aurois tout sauvé, si mes laptots n'avoient pillé eux-mêmes. Dans ce malheur, mes gens vouloient se dédommager de la fatigue du voyage & de leurs gages qu'ils auroient perdus, si mon navire l'eût été. Ils volerent le plus qu'ils purent, mais cela ne leur profita point. S'ils avoient été toujours à leur poste, les Saracolets ne nous auroient point approchés, mes marchandises auroient été toutes sauvées, & mon bâtiment secouru des autres sénégalois qui seroient parvenus à le relever; mais ils le croyoient perdu sans ressource, & enlevoient tout ce qu'ils pouvoient dérober à mes regards.

Amadi Tkioncoli, seigneur de *Baquelle*, aussi frippon que ses sujets, voulut profiter de mon malheureux naufrage. Il vint me voir à bord de Pierre *Mambao*, m'offrit sa maison & un bon magasin pour retirer les marchandises que j'avois sauvées. Tous les Sénégalois me disoient que je pouvois me fier à sa parole, la nécessité m'en faisoit une loi : je me vis donc obligé de laisser porter chez ce prince tout ce qu'on avoit sauvé du naufrage. Le lendemain, cédant à ses sollicitations, *Mambao* ne voulant pas s'exposer plus long-temps pour moi, j'allai à terre, & me rendis au village de *Baquelle*. On me plaça sous une espece de tente où j'avois de l'air, sans être exposé aux ardeurs du soleil ; & le premier jour on eut de moi le plus grand soin.

Le grand Fouquet de Tuago, instruit par son fils, qui étoit depuis plusieurs jours à mon bord, du malheur qui venoit de m'arriver, vint à *Baquelle* avec une escorte nombreuse pour profiter de mes dépouilles. Mes laptots jugerent alors tout perdu. Ce roi prétendoit, suivant l'usage des Maures, que mon navire, mes marchandises, mes laptots & moi-même lui appartenions. Il se seroit à l'instant mis en possession des objets principaux, sans la résistance du seigneur de *Baquelle*, qui craignoit le retour de Scipion mon capitaine.

J'avois pris deux Maures à *Galam* pour les remettre à *Admet Moctard* ; ils disoient à ces princes que j'étois l'esclave de l'empereur de Maroc, & qu'ils s'attireroient infailliblement l'inimitié des Maures, s'ils avoient la hardiesse de me faire violence.

Ces raisons arrêterent le grand *Fouquet*. Cependant mes laptots étoient gardés à vue : ils ne pouvoient passer la seconde cour, & se crurent tous prisonniers. Quant à moi, j'avois pleine liberté, mais je ne pouvois marcher qu'avec peine; il falloit que je me fisse conduire par des negres. Me promenant vers les dix heures du matin, j'entendis un grand bruit, & apperçus le seigneur de Baquelle, qui s'avançoit pour juger un différend survenu entre un de mes matelots & un de ses gardes. Je m'approchai, & ayant pris place auprès d'*Amady*, je me fis rendre compte du sujet de cette dispute. Le garde d'*Amady* m'avoit volé environ un seizieme d'écarlate; mon laptot l'avoit vu, le lui avoit arraché, ils s'étoient battus, & le garde avoit été horriblement maltraité; il étoit tout en sang. J'eus bientôt jugé la cause. Je pris le seizieme d'écarlate, & le donnai à l'homme qui avoit été battu. Je fis venir avec moi le laptot que l'on nommoit *Sagot*, & toute l'assemblée se dissipa sans dire un mot. Le seigneur de *Baquelle* même n'exigea rien de plus, & vint avec mes gens me reconduire sous mon hangard.

De tout mon équipage, il ne me restoit que dix-sept laptots, dont quatre étoient hors d'état d'agir. Car au moment du naufrage, en sauvant les poudres, le feu prit sur le pont à un petit baril de quatre livres. Celui qui le tenoit fut tellement blessé qu'il mourut le lendemain, & les trois autres qui l'environnoient eurent le corps tout brûlé. Il n'y eut qu'un d'eux qui ne mourut point de ses blessures. Mes autres laptots étoient avec Scipion pour continuer la traite. Je lui avois expédié un courier, ainsi qu'au commandant de M. Vigneux & à celui du bâtiment de roi, nommé le bienfaisant.

N'ayant que treize laptots en état d'agir, je ne pouvois pas tenter de relever mon bâtiment; d'ailleurs les *Saracolets* qui en avoient coupé les manœuvres, enlevé les cordages ne m'auroient pas laissé la liberté d'y travailler. Je fus donc obligé d'attendre qu'il me vînt quelque renfort pour sortir du mauvais pas dans lequel je me trouvois. Le six, sept laptots déterminés arriverent avec la chaloupe de Basca. Ce negre, connoissant leur courage, & les avoit envoyés avec ordre de tout tenter pour me sauver. Ils arriverent sur les onze heures du matin, ayant fait route toute la nuit. Ils me dirent qu'ils avoient vu mon bâtiment; que les Saracolets l'ayant entiérement pillé, en ayant ôté toutes les manœuvres, il n'y avoit plus de remede à mon malheur; que je devois plutôt penser à sauver ma personne, puisqu'on m'en laissoit la liberté; que leur chaloupe étoit bien armée; qu'ils alloient prendre les marchandises que j'avois laissées à bord de *Mambao*, & que je devois tout tenter pour m'embarquer avec eux. Je suivis leur avis. Sur les deux heures, je me rendis à bord de *Mambao*. Le garde qui me vit sortir, ne s'opposa point à mon passage, peut-être me croyoit-on trop foible, pour oser m'exposer à la fuite: peut-être aussi que la considération & le respect qu'ils portent à l'empereur de Maroc, firent qu'ils n'oserent point arrêter un homme qui lui avoit appartenu. Quelles que furent leurs raisons, je me rendis sans être inquiété sur le rivage, d'où je gagnai le bord de *Mambao*. Le soir je m'embarquai avec mes marchandises. On fit route toute la nuit, & j'arrivai le sept sur les neuf heures du matin au bâtiment que commandoit *Basca*.

Si tout autre motif qu'un naufrage m'eût conduit à *Baquelle*, j'aurois confidéré avec plaifir la pofition de cet endroit. Les rues de ce village font larges & bien percées, les cafes font toutes en terre, environnées de grandes cours, & prefque toutes couvertes de terraffes. Les jardins font beaux & bien fitués; ils offrent aux yeux, le long du fleuve, une perfpective des plus agréables. Ce village eft très-fort. Il contient environ trois mille habitans; & fi l'on peut donner le nom de ville aux habitations de ces contrées, Baquelle peut tenir le premier rang. C'eft la mieux fortifiée de toutes les habitations fituées le long du Niger.

A peine avois-je pris quelque repos qu'on m'annonça l'arrivée de *Maffe*, mulâtre du Sénégal, qui étoit un de mes gourmets. Il s'étoit évadé de *Baquelle* avec mon canot, emportant avec lui huit cent livres environ de morphil, quarante pieces de guinées, quelques fufils & un baril de cent livres de poudre. Trois laptots déterminés parmi lefquels étoit *Sagot*, étoient venus avec lui. Deux de ces laptots étoient bracolets. Ils avoient fauvé les guinées dans leurs paquets, & *Maffe*, affez adroit, avoit obtenu du feigneur de *Baquelle*, la permiffion de me fuivre, faifant entendre à ce prince que puifque j'étois parti, & que je n'étois plus en fon pouvoir, il devoit le laiffer aller me rejoindre; que cette action de fa part appaiferoit ma colere; & que comme je ne connoiffois pas la langue negre, & que lui *Maffe* ne fervoit d'interprete, il ne pouvoit trouver un meilleur moyen de me faire oublier le paffé. Cet homme ne perdit point de temps; & à peine eut-il obtenu cette permiffion, que fans parler de fon départ à personne, il se rendit à mon canot que les gens du pays croyoient appartenir à *Mambao*, s'embarqua avec le peu de marchandises dont j'ai parlé plus haut, & fit le plus de diligence possible. A peine le vit-on mettre à la voile, qu'on le poursuivit du village de Baquelle : on fit feu sur lui ; mais il n'étoit plus temps de s'opposer à son passage. Il gagna le milieu de la riviere, & naviga toute la nuit sans éprouver de dangers.

Masse, à son arrivée à bord de *Basca*, s'informa de l'endroit où étoit le bâtiment de roi ; & ayant appris que nous n'en étions pas éloignés, il me proposa de m'embarquer dans mon canot pour gagner ce navire. Sortant d'une maladie aussi cruelle que celle que je venois d'essuyer; n'ayant point eu le temps de me rétablir, ni de reprendre des forces; accablé par les suites d'un naufrage, les disputes continuelles à Baquelle, & la fatigue de la fuite; ne vivant que comme les negres, c'est-à-dire, ne mangeant que ce qui se rencontroit ; tantôt du mil crû, trempé dans de l'eau, tantôt de la viande ou du poisson séché au soleil; sans cesse incommodé à bord du navire de *Barca* qui avoit cent & sept negres aux fers; exposé le jour sur le pont aux ardeurs du soleil, & la nuit, pour éviter le serein, renfermé dans la chambre du conseil où j'étois étouffé par le mauvais air, & la chaleur excessive qui y étoit concentrée, je n'avois pas une seule raison seulement de délibérer ; & bien m'en prit, car certainement je n'aurois pu résister à tant de maux réunis, si je me fusse refusé à suivre le conseil de *Masse*.

Je m'embarquai de nuit avec lui, n'ayant que les trois laptots dont j'ai parlé plus haut. Mes espingoles étoient en état : on les arrangea sur le canot : on les chargea pour résister en cas d'attaque. Chacun de mes gens avoit un fusil à deux coups, & je partis m'abandonnant entiérement à leurs soins. Nous fûmes trente-sept heures en route. J'arrivai le 14, sur les sept heures du matin, à bord du *Bienfaisant* commandé par *Thevenot*, riche habitant du Sénégal.

Aux peines physiques se joignoient les peines morales. Mon bâtiment étoit abandonné sur la rive des Saracolets ; mes marchandises étoient dispersées dans divers endroits de la riviere ; une partie se trouvoit à la merci des negres sénégalois ; si Scipion quittoit cet endroit pour venir à *Baquelle*, l'autre étoit exposée chez le seigneur de ce village, qui les regardoit comme son bien. J'avois été contraint de laisser douze negres à bord de *Mambao* : cet homme pouvoit me tromper, & se faire prendre mes negres par les princes du pays, moyennant une rétribution particuliere de ces seigneurs. Je connoissois *Mambao* pour un voleur déterminé & rusé ; je l'avois vu m'enlever à son bord plusieurs objets : il me prit même mes habits à la mauresque & un drap. J'avois donc tout à craindre de sa mauvaise foi. Les seuls objets qui étoient en sûreté, étoient les fusils & les guinées que j'avois laissés à bord de *Basca* : c'étoient les seuls objets que j'espérois sauver de mon naufrage.

Cependant *Thevenot* tâcha par ses soins de faire diversion à mes maux. Son bâtiment, équipé seulement pour le paiement des coutumes, étoit bien armé & disposé commodément. J'étois bien couché, bien nourri ; & n'étant plus exposé au serein, ni à l'ardeur du soleil, ma fievre diminua fenfiblement. Cette fievre n'étoit occafionnée que par la foibleffe & les fatigues continuelles que j'avois eu à effuyer. Je ne fus pas huit jours à bord qu'elle me quitta entiérement. La riviere baiffoit de plus en plus, le navire tiroit neuf pieds d'eau, ce qui détermina *Thevenot* à faire la plus grande diligence pour hâter fon retour, & fe mettre hors des bancs dont la riviere eft remplie. Malgré fes foins, l'expérience du maître d'équipage qui étoit à fon quarante-cinquieme voyage, & le travail non interrompu de fes laptots, on ne faifoit chaque jour que très-peu de route. Là c'étoit un banc de fable qui s'oppofoit à notre paffage, d'un autre côté c'étoient des troncs d'arbres qui ayant été emportés par le courant du fleuve, bouchoient les paffes; tantôt c'étoit un obftacle, tantôt un autre. Pour comble de malheur, arrivés à *Saldé*, on nous y apprit qu'il y avoit chez les Poules un parti formé pour arrêter le convoi. Cette nouvelle engagea *Thevenot* à partir à l'inftant, fans s'arrêter pour traiter le mil. Nous touchâmes à la paffe du grand canal, à dix lieues au-deffous de *Saldé*. Les *Poules*, qui nous obfervoient, le virent & vinrent nous attendre près du rocher de *Dquioul de Diabbé*. Ils efpéroient nous furprendre en cet endroit; mais lorfqu'on eut fondé les deux paffes qui fe trouvoient fur ce rocher, on fe mit à l'ouvrage, & on fe débarraffa heureufement. Le capitaine avoit eu le foin de faire mettre les marchandifes & les malles fur une pointe de rocher qui s'éleve au milieu de la riviere. Les *Poules* ne purent s'y rendre pour nous piller. On perdit cependant le peu de mil que l'on avoit dépofé, fuivant l'ufage, sage, sur la rive des Maures, pour alléger le navire, quand on est près de ce dangereux passage. Le *Bienfaisant* étoit le premier bâtiment de retour; nous n'étions pas sans crainte pour les autres. Nous expédiâmes un courier par terre pour instruire les bâtimens du convoi, du parti formé pour l'attaquer & le surprendre. Mais ce courier qui étoit de la nation des *Poules*, aima mieux s'arrêter au rocher pour profiter de la dépouille du convoi, que d'avertir les bâtimens. Pourquoi, dira-t-on, se servir d'un courier de cette nation ? c'est que cet homme avoit ses parens établis à la colonie, qu'il vouloit s'y fixer lui-même, & que tout autre couroit risque d'être arrêté dans ces pays. Nous ne recevions aucunes nouvelles, nous ne voyions paroître aucun bâtiment, ce qui nous faisoit craindre que tout le convoi n'eût été arrêté. Nous pensions bien que toutes les forces des *Poules* ne seroient point capables de s'opposer aux Sénégalois réunis. Leur valeur, leur courage les mettoient à l'abri pour leurs personnes; mais les bâtimens n'auroient pu éviter d'être pris, si les Poules eussent eu la précaution de jetter des troncs d'arbres sur le passage, près du rocher. On avoit tout à craindre dans ce cas. D'ailleurs les bâtimens ne se défiant de rien, appuyés sur la foi des traités, ne revenoient point en convoi. Six cents Sénégalois auroient eu bientôt nettoyé les bords du fleuve, & jamais les Poules, quoique par milliers, ne se seroient exposés à en venir aux mains, avec une troupe de six cents hommes de la colonie. Le feu des bâtimens les auroient éloignés, & les negres sénégalois, descendus à terre, accoutumés aux armes, au-

L

roient eu bientôt dispersé une nation auſſi lâche.

Après avoir évité bien des bancs de fable, nous nous trouvâmes de nouveau arrêtés par celui d'*Haliburum*. Il fallut alléger le navire. On y employa la moitié du jour, & ſur le ſoir, nous vîmes paroître le bateau de Paul, commandé par Saint-Jean. Cet habitant avoit été attaqué au rocher; mais ſon navire tiroit très-peu d'eau, & ſon équipage étoit nombreux, ce qui fit qu'il paſſa ſans perte. Il m'apprit que Scipion, le lendemain de mon départ, étoit arrivé à *Baquelle*; qu'il avoit relevé mon navire, ſauvé mes marchandiſes; & que nous ne tarderions pas à le voir paroître. Il arriva en effet, le 11 de décembre, à *Doumons*, lieu d'aſſemblée du convoi, au retour de Galam.

Auſſi-tôt après l'arrivée de mon courier à Tamboucanée, Scipion dépoſa ſes marchandiſes dans divers bâtimens ſénégalois, & partit avec ſes laptots dans ſa chaloupe, ayant interrompu toute traite. Il apprit à *Cotterat* que je n'étois plus à Baquelle; & quoiqu'on lui diſoit qu'il ne ſauveroit jamais mon bâtiment ni mes marchandiſes, il continua ſa route dans cet eſpoir. Au-lieu de ſe rendre à *Baquelle*, il alla avec ſes laptots, viſiter mon bâtiment qui étoit abandonné ſur les roches; de-là il ſe rendit à *Tuago*, ſe préſenta au grand Fouquet, lui offrit ſes ſervices, & s'engagea à reſter toute ſa vie avec lui. Ce prince, flatté de s'attacher un homme du courage & de la réputation de Scipion, lui fit beaucoup d'accueil.

Scipion, le voyant diſpoſé comme il le ſouhaitoit, lui fit enviſager qu'il ne pourroit lui être utile qu'autant qu'il feroit relever mon bâtiment; que par ce moyen, ayant ſoin de l'entretenir, il pourroit transporter promptement ses troupes dans les lieux où la guerre l'exigeroit; que par ce moyen, ses voisins & les gouverneurs des diverses provinces le craindroient davantage & respecteroient son autorité; que *Sirman* même ne tarderoit pas à rentrer dans le devoir, sur-tout lorsqu'il verroit que les laptots sénégalois se réuniroient à lui pour le soumettre. De telles idées furent goûtées : Scipion, pour la réussite de son dessein, se fit donner tous les cordages que les *Saracolets* avoient enlevés; aidé de leurs bras, il parvint, après beaucoup de travail, à échouer le navire sur le sable. Alors il demanda au Fouquet de Tuago de lui faire rendre ses laptots, qui tous, connoissant mieux que les Saracolets la manœuvre, lui faciliteroient, avant le départ du convoi, les moyens de rétablir le bâtiment, chose qui deviendroit absolument impossible, si le convoi étoit parti pour se rendre au Sénégal. Le seigneur de *Baquelle* reçut un ordre, & laissa aller les laptots. Avec eux, Scipion vira le bâtiment en quille, & plusieurs bâtimens sénégalois, entre'autres le Maure, ayant paru, il prit nombre suffisant de laptots, releva le navire, répara le dommage qui étoit à la quille, congédia les *Saracolets* qui lui avoient été utiles, & se porta vers *Baquelle*. Sommé de tenir sa parole au grand Fouquet, il répondit que si Fouquet étoit roi sur la terre, que lui Scipion l'étoit sur la riviere; qu'il étoit disposé au combat, & qu'un Sénégalois portant le titre de François, n'étoit point fait ni d'humeur à être l'esclave d'un roi negre. Le bâtiment ne faisoit plus d'eau. Scipion se mit en travers avec ses laptots seulement dans la grande passe, en attendant les bâtimens de retour. Il avoit trop d'obligation à Saint-Jean pour retenir ses laptôts. Aussi à peine le navire fut-il réparé qu'il les lui renvoya. Il contraignit les laptots des bâtimens du convoi de monter à son bord, & avec eux, somma le seigneur de Baquelle de lui rendre toutes les marchandises dont il s'étoit emparé par supercherie & par force. Sans doute qu'*Amady* fit quelque difficulté; mais elles cesserent bientôt lorsque l'on vit que Scipion alloit tenter une descente pour brûler le village & enlever tout ce qui lui tomberoit sous sa main. On se souvenoit encore de l'échec qu'avoit reçu le Fouquet à Tuago, sept ans auparavant, lorsque ce prince montant sur le trône, fier de sa puissance, voulut arrêter le convoi. Il avoit douze mille hommes sous les armes, & fut battu par Scipion qui ne commandoit que huit cents hommes de la colonie. Dans cette occasion, ce capitaine negre quoiqu'esclave fut reconnu pour général : il avoit brûlé & détruit entiérement le village. Le roi même étoit tombé entre ses mains; mais Scipion, content de sa victoire, l'avoit renvoyé généreusement & sans rançon. Un homme qui passe pour invincible, qui n'a jamais été battu; que ceux qu'il commande ainsi que ses ennemis, regardent comme un héros, est capable d'exécuter ce que d'autres n'oseroient entreprendre avec le double de force. Aussi le vieux Amady ne voulant point exposer son village, étant d'ailleurs brouillé avec le Fouquet, auquel il n'avoit pas voulu remettre les marchandises, fut contraint de capituler. Il renvoya donc toutes les marchandises dont j'avois pris note : il remit de plus deux barils de cent livres de poudre qui m'étoient échappés, & qu'il avoit pris pour des barils de farine.

Les capitaines sénégalois ne vouloient point pour ma cause exposer leurs matelots, mais ces braves gens, accoutumés à combattre sous Scipion, ne connoissant point d'autre chef que lui, ne purent se résoudre à l'abandonner. D'ailleurs ils espéroient, si on en venoit au combat, de profiter du pillage de *Baquelle.* Ils se croyoient invincibles sous ses ordres. Tous ces motifs les déterminerent à se joindre à lui dans cette circonstance. Les choses préparées pour le combat, Scipion se mit en route pour descendre la riviere. Déja l'armée de Tuago étoit assemblée sur le rivage ; ce prince vouloit se venger sur mon capitaine, & espéroit, à coups de fusils, lui fermer le passage. Les balles ne faisoient qu'effleurer le navire, le bastingage mettoit les gens de Scipion à couvert, & ses pierriers, dont il fit plusieurs décharges, eurent bientôt dissipé des troupes indisciplinées qui ne s'avançoient qu'en tremblant. Sans perdre de temps, il continua sa route jusqu'à *Yfanne,* lieu de la demeure du principal ministre de l'Almamy des Poules. Ce ministre lui apprit que les Tampsirs, peu contens de la distribution des coutumes, faite par l'Almamy, s'étoient assemblés ; qu'ils formoient un parti nombreux, & étoient au rocher, à attendre tous les bâtimens à leur retour. Scipion alors se disposa de nouveau à vaincre ou à périr. Il expédia plusieurs couriers aux autres bâtimens du convoi, pour les engager à ne marcher que réunis, pour pouvoir résister aux attaques des Poules. Comme son navire tiroit trop d'eau pour attendre le convoi, il se mit en route, prêt à tout événement. Son dessein étoit de s'emparer de la passe, de résister aux efforts des ennemis dans ce poste, & d'y rester jusqu'à l'arrivée du convoi. Il espéroit avec tous les matelots du Sénégal, repousser les forces réunies des Poules; se dédommager des pertes du voyage par les prises qu'il espéroit faire sur cette nation. Mais les circonstances changerent sa résolution. Son équipage étoit de beaucoup diminué. Nous avions perdu cinq hommes, & trois m'avoient accompagné avec un gourmet; ce qui lui faisoit neuf hommes de moins. Il en avoit encore laissé un à Galam, pour travailler au rétablissement du fort. Ils ne se trouvoient plus que vingt-deux hommes à bord, encore la plupart tellement exténués de la fatigue d'un voyage aussi périlleux, qu'il y avoit peu à compter sur leur secours. Dans cette extrêmité, il donna des armes à mes negres qu'il avoit repris à bord de Mambao; & comme ils étoient de la même nation que lui, c'est-à-dire Banbara, il n'eut point de peine à les déterminer à se battre en cas d'attaque de la part des Poules. Les choses disposées de la sorte, il s'avança avec confiance vers l'endroit de la riviere où il savoit que les negres de cette nation l'attendoient pour le piller. Quatre lieues avant que d'arriver au rocher, il fit jetter l'ancre, & se posta dans les bois avec douze laptots déterminés, pour observer par lui-même quels mouvemens faisoient les ennemis. Il surprit dans cette occasion deux princes qui se rendoient à l'armée, les conduisit à son bord, & les fit mettre aux fers. Ensuite il leva l'ancre, & parut sur les sept heures du matin dans la passe qu'il croyoit la plus profonde.

Arrivé au rocher, il vit les deux côtés du fleuve bordés d'une multitude innombrable de Poules qui pouſſoient des cris de joie & ſe diſpoſoient à s'oppoſer à ſon paſſage. Il reſta, ſuivant ſa premiere intention, tout le jour oiſif dans ſon navire; à la nuit, il fit ſonder les paſſes; & il vit qu'il lui manquoit plus d'un pied d'eau pour paſſer ſans y être arrêté. Au jour, il ſe retira dans la chambre du conſeil, d'où il entendoit les cris des Poules qui lui diſoient: Scipion, tu ne peux plus nous échapper; tu viendras dans nos terres, planter des piſtaches. Il étoit irréſolu du parti qui lui reſtoit à prendre. Son courage le portoit au combat; mais il n'avoit pas aſſez de monde pour ſe rendre à terre, & repouſſer par la force, ſes ennemis, timides à la vérité, mais nombreux. Le convoi étoit encore éloigné de lui, il ne pouvoit ſe réſoudre à reſter plus long-temps dans l'inaction. Il uſa donc de ruſe, & elle lui réuſſit. Au ſoleil couché, ayant obſervé l'endroit où ſe tenoient les Tampſirs qui commandoient les Poules, il ſe jetta à la nage, le ſabre à la ceinture & le fuſil ſur la tête, ſuivi de douze de ſes gens. Il attaqua les Poules qui prirent la fuite, & s'empara de ſix princes qui ne purent ſe ſouſtraire par la fuite: ils furent obligés de ſe rendre à bord à la nage, & furent mis aux fers.

Le lendemain les *Poules* voyant qu'ils n'avoient plus tous leurs chefs, envoyerent un homme à bord, Scipion les lui fit voir, & lui dit d'annoncer aux Tampſirs, que s'ils continuoient à l'attaquer & à le troubler dans ſa manœuvre, il avoit réſolu de leur couper la tête; que pour lui, il ne les craignoit pas; qu'il attendroit le convoi;

qu'alors mettant le feu à son bâtiment, il débarrasseroit la passe; & qu'aidé des Sénégalois, il massacreroit tous les Poules qui se présenteroient devant lui. Cette résolution rendue aux chefs, les engagea à envoyer un second émissaire à Scipion, pour lui dire que s'il vouloit rendre les princes, on le laisseroit agir comme il voudroit. Se fier à la parole des negres, c'est s'exposer à en être la dupe. Aussi, Scipion ne voulut entendre à rien. Mais lorsqu'il eut donné sa parole que si on ne l'inquiétoit pas, il donneroit la liberté à ses prisonniers aussi-tôt qu'il auroit passé le rocher, on le laissa faire tout ce qu'il voulut. Depuis deux jours, l'eau baissoit de plus en plus, & la passe devenoit de moins en moins praticable. Pour réussir, il falloit alléger le navire, mais où mettre les marchandises, le rivage étant couvert d'ennemis? Ces raisons engagerent Scipion, pour sauver le bâtiment, à accorder aux Tampsirs trente pieces de guinées, quatorze fusils à deux coups, quatorze barils de poudre & dix fusils fins. Pour sûreté de sa capitulation, il exigea qu'on lui envoyât le fils du Tampsir qui commandoit les troupes, ce qui fut exécuté sur le champ; & les Poules eux-mêmes l'aiderent à passer cet endroit dangereux. Scipion auroit pu attendre le convoi & n'auroit rien donné, mais il vouloit par ce léger sacrifice, sauver un bâtiment qui lui avoit donné tant de peine à conserver, & qui eût été immanquablement perdu, si le convoi eût encore tardé huit jours à paroître.

Des événemens aussi multipliés me firent perdre tout le fruit de la traite: on ne put sauver des marchandises avariées, qu'environ 150 mauvaises pieces de guinées, 12 negres, 194 gros d'or, 906 livres de morphil & 56 bariques de mil. J'avois acquis beaucoup de morphil, mais on me l'enleva à *Baquelle*, ainsi que la malle de mes hardes qui renfermoit trente-huit marcs deux onces d'or que je m'étois procuré à *Galam*, avec mon corail, mon ambre, ma poudre, ma verroterie & mes grelots d'argent.

Scipion, mon capitaine, ne cessoit de me répéter que s'il lui eût été permis de faire prisonniers ceux qui l'attaquoient pour lui ôter à lui-même la liberté, que mon expédition n'auroit point été manquée, mais l'ordre des gouverneurs du Sénégal est, qu'on ne doit que se défendre & ne rien prendre dans le pays; ce qui fit que Scipion, qui naturellement pouvoit user de représailles, ayant huit princes aux fers à son bord, les fit conduire à terre avec sa chaloupe. On avoit profité de la position où il étoit pour lui enlever ses marchandises, & il ne put profiter de celle que lui donnoit la prise de ces hommes, pour se dédommager. Certes des coutumes de cette nature sont d'autant plus injustes que les naturels du pays en profitent tous les jours pour rançonner les bâtimens européens que le commerce attire dans leurs cantons. Le profit que retirent les gouverneurs, comme je l'ai dit plus haut, est cause de ces abus. Ils sont payés des princes negres qui se dédommagent au centuple sur les bâtimens qui s'exposent à ces sortes de voyages sur la foi des traités.

Nous restâmes encore six jours à *Doumons*, à attendre le convoi. Nous avions expédié les couriers pour en avoir des nouvelles; il ne paroîssoit pas. Un marabou fut le feul qui, nous difant à tous notre bonne aventure, nous affura que nous ne tarderions pas à le voir paroître. Ce même marabou m'avoit prédit quinze jours avant que je reverrois mon navire & Scipion, mais qu'il auroit eu beaucoup de peine. Malgré la vérité de fa premiere prédiction, nous ajoutâmes fort peu de foi à fes difcours. Nous crûmes le convoi perdu, & continuâmes notre route pour le Sénégal, au nombre de fix bâtimens. A peine cependant fûmes-nous arrivés à *Podor*, qu'on nous donna nouvelle que tout le convoi avoit capitulé au rocher, & qu'on ne tarderoit pas à le voir paroître. Cet avis nous fit fufpendre notre route; & nous vîmes enfin avec beaucoup de fatisfaction arriver le convoi fur les deux heures du matin, le troifieme jour de notre arrivée à *Podor*.

Ce n'étoit pas affez que mon bâtiment eût fait naufrage, que j'euffe été obligé de capituler au rocher de Dquioul de Diabbé, il falloit, pour que mon malheur fût complet, que le navire fur lequel Scipion avoit laiffé fes marchandifes à Tamboucanée, coulât bas, & que celui qui portoit fon morphil, fût pillé au rocher : & tout cela arriva. Le morphil fut entiérement perdu, & les bâtimens fénégalois ne me rapporterent que les deux tiers des objets fauvés du naufrage du bâtiment qui portoit mes marchandifes. Ce bâtiment fut entiérement perdu, & l'habitant negre ne put fauver que fes captifs qui le dédommagerent foiblement de fon voyage & de fon bateau.

Un miracle avoit fauvé le convoi : fa capitulation au rocher fut peu coûteufe ; car des pluies abondantes survenues, firent que lorsqu'il se présenta à la passe du rocher, il y avoit cinq pieds & demi d'eau, où huit jours avant, il n'y en avoit que trois pieds. Sans cette heureuse circonstance le convoi étoit perdu; on n'auroit vu au Sénégal que les habitans qui y seroient revenus par terre. Mais point de negres, point de bâtimens, point de mil, point de marchandises. Un malheur aussi grand auroit plongé la colonie dans la derniere des miseres, ces bateaux servant toute l'année en riviere pour se procurer le mil nécessaire à la subsistance. Un événement de cette nature suffiroit pour prouver la fausseté des écrivains, lorsqu'ils assurent que ce pays fournit abondamment tout ce qui est nécessaire à la vie.

M. le marquis de *Beccaria* avoit été nommé par le gouverneur pour remplacer M. Duchozel, commandant du fort de *Podor*: il arriva le jour que je parus devant ce fort. Il m'apprit la mort du jeune Floquet & des divers blancs qui n'avoient pu résister à la chaleur. Ce jeune homme étoit aimé des negres, sa perte leur fut aussi sensible qu'à moi, sur-tout à Scipion qui lui étoit sincérement attaché. M. Duchozel s'embarqua sur mon bord ainsi que le gérant de la compagnie à Podor. Ce dernier ne voulut point aller dans les bateaux de cette compagnie: je le reçus à cause de son état, malgré les mauvais procédés que j'avois éprouvés des administrateurs du Sénégal. Nous partîmes de Podor avec un vent favorable & de forts courans qui nous rendirent bientôt à la colonie, où nous débarquâmes le 24 décembre 1785, ayant été quatre mois & huit jours à faire ce malheureux voyage.

Podor, est pour l'air, l'endroit le plus dangereux de toute cette partie de l'Afrique. Le village & le fort sont situés sur les bords du fleuve dans un endroit du pays appartenant à la nation Poule. Le fort a été construit par les Anglois. Il forme un cercle, & a quatre tours. Il n'est point environné de fossés, est éloigné du fleuve d'environ deux cents toises; ce qui fait, qu'en cas de dispute avec la nation Poule, elle pourroit aisément couper les eaux au détachement qui y seroit en garnison. Ce fort n'est utile à rien, puisqu'il ne peut défendre les bâtimens qui sont en riviere, ni être secouru par eux. L'insalubrité de l'air est causée par les marigots qui l'environnent, & qui ne sechent presque jamais. C'est vouloir entiérement abuser de la confiance du public, que d'oser dire, comme le fait M. Adanson, que c'est un bon pays, puisqu'on ne peut se procurer les vivres, l'eau & le bois, qu'en les allant chercher bien loin dans les terres.

La fievre, qui m'avoit quitté, me reprit à mon arrivée au Sénégal. J'avois perdu mon compagnon de fortune. Tout le monde, c'est-à-dire, tous les François dans la colonie, me traitoient de fou. Le gouverneur même avoit cette idée, quoiqu'il ne m'eût jamais vu. Mes malheurs passés, il est vrai, m'avoient tellement absorbé, que je ne voulois parler à aucun blanc. Je n'étois point de leurs parties. Je les regardois avec une espece d'horreur. Leur mauvaise foi, dont j'avois vu tant d'exemples, me les rendoit odieux. Trompé par les blancs, trompé par les negres, je ne voulois me fier à personne. Je ne pouvois avoir aucun compte de l'aîné de la maison de commerce dans laquelle je travaillois. Je le trouvai aussi peu de bonne foi que les autres, ce qui fit que je rompis entièrement avec lui le 16 février 1786. Je m'apprêtois à retourner en France pour rétablir ma santé que des fatigues aussi cruelles & un voyage aussi pénible avoient beaucoup altérée. Ces raisons firent qu'ayant besoin de repos, je terminai toutes mes affaires assez mal pour mes intérêts. J'attendois l'occasion de m'embarquer pour la France. Craignant la révolte & le mauvais air des négriers, je ne voulois pas aller par l'Amérique. Dans ces circonstances le capitaine Clouët Dubuisson du Havre, commandant le *Furet* qu'il avoit réparé, & qui devoit, après un mois de séjour à Gorée & isle du Cap-verd, faire route pour le Havre, m'ayant proposé de l'accompagner, j'y consentis, & m'embarquai avec lui, ne voulant point attendre le départ des navires de la compagnie, qui devoient embarquer de la gomme, & qu'on n'avoit point encore vu paroître. On n'avoit pas même encore connoissance des expéditions de France, pour cette partie du commerce qui est la plus lucrative. Enfin le 26, nous passâmes la barre. J'eus, en cette occasion, une preuve certaine de l'amitié que les negres avoient pour moi. Ils vinrent me conduire, & tant que le navire fut sur ce dangereux passage, ils étoient nuds sur le pont, prêts à tout tenter pour me sauver en cas d'événement. Je voulus récompenser leur zele ; mais ils me remercierent, & ne voulurent rien de moi ni du capitaine.

Il étoit onze heures environ lorsque nous fûmes en mer, & le lendemain sur les huit heures du matin nous mouillâmes dans la rade de Gorée. Cette isle n'est qu'un triste rocher qui ne peut rien produire ; cependant il y a quelques jardins qui fournissent un peu de salade. Il n'y a point d'eau dans cette colonie, quoiqu'il y ait trois petites sources sur la montagne. Ces sources sont gardées avec soin, elles sont réservées pour le commandant, & ne fournissent de l'eau que pour ses besoins. Souvent même les commandans sont assez inhumains, lorsqu'ils en ont de trop, pour la refuser à leurs compatriotes. Ils aiment mieux la laisser perdre ou la faire employer à laver leurs linges, & c'est uniquement pour s'éviter la peine de répondre aux demandes, ou comme ils le disent, pour ne point faire de jaloux. Cette conduite est cause que les blancs & les negres sont obligés d'en faire venir de Dacar, village voisin, ou d'autres endroits, suivant les lieux pour lesquels on fait des embarquations. Cette eau, apportée dans des bariques, a toujours un goût détestable : elle est corrompue dès le second jour. L'air est beaucoup plus sain à Gorée qu'au Sénégal, sans doute parce que cette isle est environnée de la mer, & qu'il n'y a point de marigots dans les plaines de la grande terre. Le pays est habité par la même nation que celle qui est au Sénégal, c'est la nation *Yolof*. Les habitans de la colonie sont tous de cette nation. La population est peu nombreuse, cependant elle fournit plus du double de monde que ne l'exige le commerce qu'on peut y faire, car jamais on n'y a fait la traite de plus de cent negres par an ; encore faut-il se porter à trente & même à quarante lieues le long de la côte pour se les procurer. Il y avoit en rade plusieurs navires dont un de

Honfleur, qui avoit perdu tout son équipage par la maladie, excepté le capitaine & le sous-lieutenant.

Suivant ses ordres, le capitaine Clouët Dubuisson voulut se charger de cire & de morphil; mais quelques jours après son arrivée; il reçut l'ordre de ne point partir. Alors il se démit de son commandement & s'embarqua sur la Bayonnaise. Cette gabarre conduisoit en France M. le comte de Répentigny qui venoit d'être remplacé par M. le chevalier de Boufflers. Cette gabarre du roi étoit commandée par M. Kerpel, parce que le capitaine Echouard s'étoit noyé en voulant passer la barre du Sénégal, contre l'avis des laptots negres.

Suivant mes arrangemens avec la maison que je quittois, je devois toucher mon paiement sur la cargaison du Furet. Ce navire, ne se rendant point en France, il me fallut retourner au Sénégal. Le malheur arrivé à M. de la Echouard, la perte, sur cette même barre, de deux bâtimens appartenant à la compagnie, m'empêcherent de m'embarquer. J'avois repris des forces, l'air de Gorée m'avoit rendu la santé : je me déterminai à entreprendre le voyage par terre.

A peine le navire, le Furet, fut-il à la voile, que je découvris un matelot à terre qui me paroissoit suspect. Je le fis arrêter par les negres. Conduit devant le commandant, ce matelot avoua qu'il s'étoit caché pour n'être point complice des crimes que commettoit un navire bermudien, qui sous le prétexte de prendre des vivres, étoit venu quelques jours de relâche à Gorée. Les dépositions de ce matelot m'inquiéterent beaucoup; je craignois que ce navire bermudien (qui étoit véritablement un forbin, mais qu'on n'avoit pu reconnoître pour tel à la colonie, à cause de ses papiers qui étoient en regle) n'eût formé le dessein d'attaquer le Furet. C'étoit bien son intention. Mais le Furet, qui étoit excellent voilier, ne se laissa point approcher. Il revint sous le canon du fort, & nous vîmes le bâtiment bermudien s'éloigner. La gabarre du roi la Bayonnaise, qui étoit à *Ben* pour faire de l'eau & du bois, avertie trop tard, ne put lui donner chasse. Peut-être même, en cas de combat, auroit-elle eu le dessous, car ce bermudien avoit soixante hommes déterminés, à son bord, six obusiers de trente-six, & douze canons de vingt-quatre. Il étoit excellent voilier, & avoit résisté à deux frégates portugaises qui lui avoient donné chasse sur les côtes du Brésil.

Je partis de Gorée le 9 avril sur le soir, & allai coucher à *Dacar* chez le marabou du village, d'où le lendemain je me mis en route, escorté du fils du marabou & d'un negre du Sénégal nommé Wally. J'avois un cheval arabe; je le montai peu, ayant pour compagnon de voyage le plus jeune des Floquet qui étoit venu à Gorée avec la Bayonnaise. Nous arrivâmes afin le 14 à neuf heures du soir, après cinq jours de marche; toujours couchés à l'injure de l'air, & marchant sur les bords de la mer, exposés à toute l'ardeur du soleil. Il étoit bien tard pour entrer à la colonie, cependent *Saerguy*, un de nos gourmets dans le voyage de Galam, m'y passa dans sa pirogue, sans être apperçu des sentinelles.

Ma santé se rétablissoit à vue d'œil; & ce
voyage

voyage loin de m'avoir affoibli, n'avoit fait qu'augmenter mes forces. Je me décidai donc à rester au Sénégal pour y travailler particuliérement pour mon compte. Je voulus m'arranger avec l'aîné des Floquet; je consentois à de gros sacrifices pour terminer; cependant il traînoit toujours en longueur, ce qui me contraignit, pour tirer quelque chose de lui, de m'embarquer sur le navire l'Espérance, de l'Orient, appartenant à MM. Lavuysse-Puchelberg & compagnie, capitaine Everared de Dual..que. Ce navire étoit venu avec une expédition de France pour traiter de la gomme à Portendic; cependant, il fut saisi par ordre du roi. Les différends qu'eut le capitaine à ce sujet avec les administrateurs de la compagnie, le retinrent environ un mois au Sénégal. J'y étois oisif; je m'ennuyois on ne peut davantage. Le chagrin d'avoir été exposé à tant de dangers, & de perdre encore malgré moi le peu que je possédois, me plongea dans un anéantissement qui me redonna la fievre. Et l'on fut obligé, quand le navire mit à la voile, de me porter à bord, où j'arrivai sans connoissance, le 30 juin 1786. J'y avois fait embarquer une partie de huit cents peaux de vaches salées. Les negres me firent passer la barre dans la chaloupe de la compagnie. MM. les administrateurs n'avoient point voulu me la louer pour cet objet; mais ils y furent contrains, car les negres refuserent opiniâtrément de travailler pour eux, que, préalablement, ils ne m'eussent mis à bord de l'Espérance. Scipion, mon capitaine, parla si fortement, qu'ils ne purent résister. Il me conduisit en personne, & ne me quitta que lorsqu'il me vit en sûreté.

M

On peut dire avec vérité, que si la compagnie est détestée dans la colonie, qu'elle le mérite à tous égards. Après tous les services que je lui avois rendus gratis, ce dernier trait me prouva le cas que l'on doit faire de ses administrateurs ; & j'espere, si le commerce cesse d'être exclusif, de leur en prouver ma vive reconnoissance avant que de mourir.

On leva l'ancre deux heures après mon arrivée à bord : ce fut le 30 juin 1786. La navigation, quoique longue, fut des plus heureuses. Ma santé se rétablit entièrement pendant la traversée, & nous entrâmes à l'Orient le 23 août 1786.

Quel que soit mon sort à l'avenir, je pense qu'il ne peut être plus malheureux qu'il l'a été jusqu'à ce jour. C'est dans cet espoir, que m'abandonnant à la Providence, j'attends que la fortune, lasse de me persécuter, m'offre enfin un moyen honnête de me faire un sort qui me mette au-dessus de ses caprices.

Fin de la deuxieme partie.

TROISIEME PARTIE.

Commerce du Sénégal & de Galam.

QUOIQUE les opérations du commerce du Sénégal paroissent si simples, que même ceux qui n'ont jamais été élevés dans le commerce, se persuadent aisément pouvoir y réussir, elles sont cependant des plus compliquées, & exposées à mille difficultés qui demandent des gens expérimentés & dans les affaires & dans la connoissance des hommes. Quiconque n'est point au fait de ces deux points, ne doit pas s'exposer à travailler au Sénégal; il y trouveroit bientôt la perte de sa fortune, malgré son assiduité & son travail, quelqu'opiniâtre qu'il fût.

Il faut considérer qu'ayant à traiter avec diverses nations, ce sont autant de manieres différentes de se conduire. Les diverses saisons donnent aussi des variations dans les opérations. La stérilité de la colonie, les difficultés de la barre pour entrer en riviere, sont encore des causes qui nuisent beaucoup aux affaires. On ne peut point travailler au Sénégal, comme dans les autres pays. Celui qui se contenteroit des opérations de la colonie seule, ne réussiroit que très-difficilement. Il acheteroit les productions des traites en riviere, à très-haut prix, & ne pourroit les vendre qu'à modique bénéfice aux capitaines qui y viennent traiter. En suivant un tel plan, on auroit le temps de mourir plusieurs fois avant que de pouvoir amasser une fortune honnête. On doit donc travailler en grand, quand on a dessein de se fixer dans ce canton.

Il est nécessaire pour celui qui veut travailler au Sénégal, soit pour son compte particulier, soit en qualité de facteur pour diverses maisons de France, d'avoir deux petits bateaux plats ou gouelettes, du port de vingt-cinq à trente tonneaux, tirant de quatre à six pieds d'eau au plus tout chargés, armés de pierriers & d'espingoles. On doit préférer les espingoles angloises, elles portent beaucoup plus loin que les françoises. On les pose sur des montans disposés à cet effet, & l'on peut s'en servir, & ajuster comme avec un fusil.

Il faut que les montans des pierriers soient élevés de trois pieds au-dessus du pont pour pouvoir se bastinguer. Il est essentiel d'apporter de France des planches pour former le bastingage, qu'on ne peut établir qu'au Sénégal, & sans lequel on ne peut aller en riviere.

Il faut que la chambre soit spacieuse pour contenir les marchandises seches, avec de grandes armoires en forme de bancs de quart. On doit avoir le plus grand soin de tous les agrets, & avoir au moins double rechange. Si ces petits bateaux pouvoient être doublés en cuivre, cela seroit bien plus avantageux ; c'est le moyen le plus sûr de les garantir des vers qui, en trois ans, détruisent les bâtimens les plus solides. On peut y remédier, mais on se trouve souvent embarrassé par la rareté des ouvriers, même au Sénégal, quand le goudron ou autres objets nécessaires aux racatillages, viennent à y manquer. Alors on voit les affaires s'échapper par la perte du temps, parce qu'on ne peut remonter le fleuve que dans les saisons des pluies. Si l'on veut que les bâtimens, venant de France, puissent passer la barre, pour ne pas être exposés sur la rade qui n'est point sûre, il faut que ces navires tirent au plus neuf pieds d'eau.

L'avantage des petites embarcations est de faire tout par soi-même. On peut avec elles, se porter dans tous les lieux de la riviere, même à Gorée & au bas de la côte; c'est-à-dire, aux rivieres de Salam & de Gambie. On se fournit dans ces lieux de vivres, lorsqu'ils manquent à la colonie; & sur cet objet, on fait de très-grands bénéfices. Les belandres hollandoises, telles qu'on en voit à Ostende & à Dunkerque, sont ce qu'il faut pour ce pays; la difficulté n'est que de les faire arriver jusqu'au Sénégal.

Les peuples qui habitent la partie orientale du fleuve, depuis le Sénégal, jusques & compris Galam, sont au Sénégal, la nation Yolof, commandée par un roi puissant nommé le Damel. Ce prince fait ordinairement sa résidence à Cahiers, village situé au milieu des terres, entre le Sénégal & Gorée. Les habitans de ces deux colonies sont pour la plupart de cette nation. Ce peuple est le plus brave de toute cette partie de l'Afrique : il a toujours l'avantage, lorsqu'il se bat contre ses voisins; sans doute, à cause des connoissances militaires qu'il doit aux François des deux colonies, & par les secours qu'il y trouve toujours. La domination du Damel sur le fleuve, est d'environ quarante lieues. Ensuite sont les Wals & les Bracs, peuples puissans autrefois; mais qui maintenant presque sauvages, sont sans cesse exposés à être attaqués, soit par les negres, soit par les Maures leurs voisins.

La nation Poule ou Foulque commence au Cocq, village situé à la pointe de l'isle de Podor, deux lieues au-dessous du fort; & elle finit à Validienta, ce qui forme une suite de plus de cent soixante lieues de côtes sur le fleuve. Le commerce que l'on fait avec ces peuples est très-peu de chose. On ne tire de tous ces pays, que le mil nécessaire pour la colonie, du tabac & quelque peu de morphil. En cas de guerre de nation à nation, on y trouve d'excellens & superbes esclaves. De Validienta à Galam & même au-dessus, sont les Saracolets. Leur pays est le lieu des bonnes affaires; ce peuple est brave, nombreux, civilisé plus que tous les autres negres. Il est partie mahométan, partie idolâtre. On se procure chez cette nation beaucoup d'esclaves que les caravanes y conduisent de diverses contrées de l'Afrique. On y traite en abondance, or, morphil, pagnes & mille autres objets. La traite y est des plus avantageuses. On la fait dans ces cantons en toute sûreté. On peut même se porter dans les terres, sans avoir rien à craindre, quand même on seroit seul.

La partie nord du fleuve est habitée par les Maures des diverses hordes, telles que celles des Bracnarts près du Sénégal, & des Trasarts près de Podor. On voit des Mongearts en grand nombre près de Galam. Ces peuples pasteurs se portent tantôt d'un côté, tantôt d'un autre, comme je l'ai dit plus haut, en parlant des mœurs, coutumes, &c. des peuples chez lesquels je voyageai pendant mon esclavage. Les Maures fournissent la gomme qu'ils apportent au Défert & au Cocq, qui font deux efcales établies pour cette traite, où fe rendent en mai, les bâtimens de la compagnie. Ils conduifent auffi des negres toute l'année au Sénégal, excepté pendant la mauvaife faifon, car alors les débordemens du Niger les obligent de fe réfugier dans l'intérieur des terres. Ils emploient ce temps à pénétrer jufques fur les montagnes de l'Atlas.

Les Saltiguets, peuple negre, occupent les bords du fleuve au-deffus d'Yafanne, & s'étendent jufqu'aux dominations des Saracolets. Ils ne font, pour ainfi dire, avec cette derniere nation, qu'un feul & même peuple. Ils font commandés par un prince, qui, par droit de naiffance devroit être le roi des Poules; mais les prêtres qui l'ont dépouillé, l'ont chaffé de fon pays. Ce prince eft courageux, il fait de fréquentes incurfions fur les terres des Poules, & vend tous fes captifs aux Maures fes voifins, qui les conduifent au Sénégal. On en fait toujours l'acquifition, malgré le traité fait avec l'Almamy de n'acheter perfonne de fa nation, fans doute, parce qu'on croit que ce traité n'a lieu que lorfqu'on fe rend dans fon pays par convoi, pour monter à Galam.

De Podor à Mafon, on trouve beaucoup d'Hyppopotames. Ces animaux font très-utiles. Leur chair fe mange, & leur graiffe fait d'excellent favon. On trouve auffi dans ces cantons, une quantité étonnante de diverfes graines que l'on peut fe procurer à très-bon compte. Le privilege exclufif de la compagnie fait que les avantages que l'on pourroit retirer de ce commerce font entiérement perdus; car fes agens, uniquement occupés de leurs intérêts, & non de celui de leurs commettans, négligent cette branche essentielle, peut-être par ignorance ; mais qui, par l'épreuve que j'en ai faite, produit un bénéfice immense. Les objets qu'on en retire, sont de premiere nécessité en France, pour les manufactures de savon de Marseille, & coûtent aussi peu d'achat, que pour être préparés. La crainte où l'on est continuellement de perdre le fruit de ses peines, & de voir ses découvertes passer dans les mains des autres, est cause que plusieurs parties de commerce y sont entiérement abandonnées.

Les habitans de la colonie, les *Yolofs*, les *Poules* ou Foulques, & les *Maures*, sont les quatre peuples avec lesquels on peut commercer, sans sortir de la colonie. Ce sont quatre manieres différentes de travailler : de plus, la différence des saisons apporte de la variation dans le commerce ; les besoins de ces divers peuples suivant les temps & les circonstances, exigent des connoissances certaines sur la nature des objets qui leur sont nécessaires. Les *Bracs* & *Wals* ont les mêmes besoins que les *Yolofs* ; ils parlent le même langage. Quant aux *Saracolets* & *Saltiguets*, on ne peut traiter avec eux que dans le voyage de Galam dont je parlerai plus bas.

Les naturels de la colonie sont, comme je l'ai déja dit, presque tous de mauvaise foi. Ils cherchent & ne laissent jamais échapper l'occasion de duper les Européens qui ne se tiennent pas assez sur leurs gardes. Pour se garantir de leurs fourberies, il faut nécessairement connoître la langue Yolofe ; car lorsqu'on ignore cette langue, on est contraint d'avoir des interpretes qui, ne pouvant être que nés parmi ce peuple, trompent toujours, & partagent, suivant leurs conventions, le produit de leurs fourberies.

D'après cette idée générale & certaine, quelle que soit l'opération de commerce que l'on veuille faire avec les habitans de la colonie, il faut toujours se défier d'eux. On traite ordinairement ou pour le voyage de Galam, ou pour les objets de leur consommation particuliere.

Quant aux objets de consommation, pour éviter toutes les disputes, il est à propos de ne livrer qu'en recevant, soit en argent, soit en marchandises. Il faut porter l'exactitude au point de mettre par écrit toutes les conventions; de les répéter plusieurs fois, même si l'affaire devoit se terminer à l'instant, soit avec les plus riches comme avec les plus pauvres. Il faut aussi prendre possession sur le champ de l'objet qu'on troque ou qu'on achete. Sans cette précaution, on seroit souvent exposé à mille ruses ou chicanes, qui, sans rompre le marché, le feroient toujours tourner à l'avantage des noirs. Les supérieurs font toujours semblant de croire que leurs gens ont été trompés; presque toujours ils décident en leur faveur, & quoiqu'on ait le bon droit pour soi, on acquiert dans la colonie une réputation de mauvaise foi qui tourne toujours au détriment des affaires.

Si l'on fait crédit, il faut avant que de livrer sa marchandise, savoir quelles sont les facultés du débiteur; s'il a des negres ou non, & s'ils sont dans le cas de répondre de sa créance; si les esclaves de cet habitant ne sont pas, par héritage, esclaves de Tapades, ou s'ils ont été acquis par eux dans leur voyage de Galam. Ces choses bien assurées, on peut, sans crainte fournir à crédit, mais en observant huit choses principales.

1°. Les esclaves de Tapades par héritage ne sont esclaves que de nom; leurs maîtres ne peuvent les vendre sans se déshonorer, suivant les coutumes reçues dans le pays, à moins qu'ils ne soient reconnus pour mauvais sujets, ou qu'ils n'aient commis quelque crime. Elevés avec les naturels, on les considere comme habitans, ils font corps dans la colonie : ils y ont leurs amis, leurs parens, qui tous deviendroient les ennemis irréconciliables de ceux qui voudroient les vendre. Mais lorsque, pour cause de crime, on les met en vente, les habitans les achetent aussi-tôt & donnent en échange des esclaves d'une plus grande valeur.

2°. Il faut que les esclaves, arrivans de Galam, ne soient pas mariés à des negresses de Tapades, car ceux-là, ainsi que les premiers, ne peuvent être vendus que par leurs maîtres.

3°. Il faut écrire l'époque du crédit, les marchandises livrées & toutes les conventions.

4°. Ces conventions ne doivent point être faites en particulier, mais en présence de trois habitans au moins.

5°. Il faut qu'elles soient signées du maire de ville, qui est en même-temps le chef des negres, des cautions & de tous les témoins.

6°. Il faut que les cautions soient les principaux parens de l'acquéreur, & à leur défaut les habitans les plus solvables.

7°. A l'instant de l'échéance d'un paiement, il faut faire toutes les diligences nécessaires, sinon les témoins & les cautions demandent à se retirer, alléguant qu'à leur insu on a fait d'autres marchés avec l'acquéreur, & ce à leur détriment, sans qu'ils en aient été prévenus; & que cesdites conventions ayant été particulieres, ils sont dégagés.

8°. Il est à propos, mais non de nécessité, de faire quelques présens aux maires de ville & aux témoins du marché, si l'on ne veut s'attirer l'inimitié de la colonie. Toutes ces précautions observées on peut traiter & vendre à crédit sans courir de risques.

Si l'objet fourni l'a été pour le voyage de Galam, que l'époque du paiement soit au retour, soit que l'acquéreur en revienne, ou non, soit qu'il soit mort de fatigue, ou que pour se soustraire au paiement, il reste dans les terres, espérant que sous peu le négociant qui l'aura chargé de commission sera ou mort ou éloigné de la colonie par son retour en France; dans ce cas il faut avoir le plus grand soin de ne pas laisser partir les captifs de Tapades avec leur maître. Quelque bonne foi que l'on connoisse ou que l'on croie connoître à un habitant : cette précaution est de nécessité. Dans le cas où par l'adresse du maître les captifs de Tapades l'auroient accompagné dans son voyage, il faut aussi-tôt, sans nul égard, ni retardement, attaquer les cautions & les témoins. Sans cette précaution, on est sûr de tout perdre & de n'être jamais payé. Dans cette circonstance, il n'y a point d'ennemi à redouter, en observant cependant de ne vendre les captifs de Tapades, dont on se seroit emparé, que lorsque les parens de l'absent, ou les autres habitans n'auroient point voulu les remplacer par nombre égal d'autres esclaves.

Quiconque se permettroit, par vengeance ou par bravade, d'embarquer des captifs de Tapades, courroit les plus grands risques, & n'échapperoit, que par miracle, au fer ou au poison. Ce qui pourroit lui arriver de plus heureux, seroit de perdre toutes ses marchandises & d'être fait esclave des negres ou des Maures.

Si l'objet fourni l'a été pour consommation, soit avant ou pour le voyage de Galam, c'est un autre arrangement à faire pour l'époque & pour le paiement. Le terme du crédit doit être fixé au plus à un mois avant la montée de Galam, toujours par-devant deux témoins, & des cautions qui signent le marché & l'engagement : il faut aussi la signature ou la présence du maire de ville. L'époque la plus avantageuse pour être payé, est la fin du voyage ; parce qu'alors on peut en faire des retours en Europe.

A l'échéance, l'habitant ne payant pas, il faut à l'instant former sa plainte chez le maire de ville. Si l'on consent à donner du temps au débiteur pour le laisser faire un voyage de Galam, ou parce qu'il auroit fait des pertes & qu'il seroit démontré que ce paiement nuiroit essentiellement à sa traite & à son existence, parce que l'argent ou les objets qu'il seroit obligé de donner, ne lui laisseroient plus la facilité de se procurer des goudrons, braies, cordages, &c., choses indispensables pour ledit voyage, alors il faudroit annuller le premier engagement, & lui en faire refaire un second à gros intérêts, le tout payable au retour de ce voyage, en observant les mêmes précautions qu'au premier. Cet intérêt qui est ordinairement de 50 pour 100, n'est point trop fort, puisqu'on se procureroit ce bénéfice, & même plus considérable, en faisant soi-même cette expédition. Par ce moyen on est sûr d'être payé au retour. Une dette prolongée de cette nature est un objet sacré, & procure le droit de s'emparer des captifs de Tapades, & même de les vendre sans que personne puisse en murmurer. Si l'on manquoit à s'acquitter à cette seconde époque, on peut aussi négocier; car lorsqu'on a pris toutes ces précautions, il est regardé comme argent comptant parmi les habitans, qui aiment ces sortes d'engagemens, sur-tout lorsqu'ils voient que le débiteur a de bons ouvriers parmi ses captifs de Tapades, car alors ils deviendroient leurs maîtres si l'engagement n'étoit pas rempli.

Si les objets fournis sont destinés à faciliter le voyage de Galam, on a soin d'établir la valeur de ces objets & l'intérêt que l'on en retireroit si on faisoit soi-même ce voyage. Il faut spécifier tout dans son marché, convenir de la quantité & qualité des marchandises que l'on recevra en retour, sans avoir égard au prix futur de la colonie; de maniere que si l'objet se monte à 1200 liv., qu'un esclave ne vaille lors du marché que 600 liv., on dira dans l'engagement : deux esclaves, ou tant de morphil, ou tant d'or, au retour de Galam. Si les navires européens font monter le prix des captifs, alors le débiteur sera obligé, pour s'acquitter, de payer, non pas 1200 liv. en argent, mais deux esclaves en nature, quelque prix qu'ils coûtent. Il est vrai que, si à cette même époque, les esclaves valoient moins de 600 liv. piece, le débiteur ne seroit de même obligé que d'en donner deux, pour avoir quittance. Comme il est sans exemple qu'ils diminuent, alors celui qui vend a toujours l'avantage.

Si, faute de connoître parfaitement les loix de la colonie, on a le malheur de vendre à des captifs de Tapades, croyant qu'ils sont habitans libre, il faut tâcher de réparer bien vîte son erreur, en engageant les maîtres desdits captifs, mais dans ce cas il est rare qu'on soit payé. Il faut aussi éviter de contracter avec les femmes d'habitans, à moins que ce ne soit en donnant ; car sans cela, on n'en pourroit rien retirer. On le peut aussi avec les riches habitantes, qui conduisant leurs affaires par elles-mêmes, ont toujours de cent cinquante à deux cents negres à elles appartenans. Dans ce cas, on peut traiter avec elles ; mais en observant les précautions dont on vient de parler.

Lorsqu'on ne connoît pas la langue Yolofe, on est obligé de se servir des negres pour interpretes, soit qu'il se présente des objets de traite avec les negres de la grande terre, soit avec les Maures. Dans ce cas il est à propos d'avoir des captifs à soi, instruits de la langue de ces peuples. Par ce moyen, on évite la tromperie des negres de la colonie. Ces captifs esperent par leurs soins & leurs services, obtenir un jour leur liberté.

Il arrive souvent que, dans les marchés, le negre interprete demande plus que ne desire le vendeur, parce que outre les deux barres de droit qui lui sont accordées par esclave acheté par son moyen, le surplus qu'il demande est une augmentation de profit pour lui.

Si on n'a point à soi de negres instruits, il

faut avoir plusieurs interpretes à choisir parmi les negres que l'on emploie journellement, leur donner, comme à l'interprete nommé par le gouverneur, les deux barres du marché, alors on évite une partie des supercheries & ruses des vendeurs qui trompent principalement, lorsque c'est avec des Maures que l'on a à traiter.

Un marché conclu par un de ces interpretes de la colonie, avec l'aîné des Floquet, prouve bien la supercherie dont je viens de parler. Les Maures avoient exigé sept pieces de guinées par captifs : l'interprete dit à Floquet qu'on en demandoit neuf, & il convint de les donner. Le soir, ces Maures lui envoyerent un esclave, & le trouverent dans un moment où l'interprete n'étoit pas avec lui. En recevant l'esclave, il donna neuf pieces de guinées, en ayant payé le matin plusieurs de cette maniere à l'interprete. Les Maures ne prirent que sept pieces, & rendirent les deux autres. Cette différence étonna Floquet, qui ayant appellé une petite négresse qui parloit arabe, sut par elle, que les Maures ne demandoient pour cet esclave, que sept pieces, ainsi qu'ils avoient reçu pour ceux qu'ils avoient livrés le matin. Les Maures porterent leurs plaintes au maire de ville, sur la supercherie de l'interprete. Floquet la porta de même au gouverneur, & ce negre fut puni publiquement.

Quelques voleurs que soient les interpretes, il ne faut pas cependant les rebuter, à moins qu'on ne connoisse parfaitement le pays. Car lorsqu'ils voient qu'on a des soupçons sur eux, & que l'on connoît leur mauvaise foi, ils trouvent toujours mille raisons à alléguer aux Maures pour les détourner de la maison du blanc dont ils veulent se venger. Pour éviter cet inconvénient, il faut avoir des negres payés au mois, qui, répandus dans la grande terre, avertissent du moment où les Maures arrivent avec leurs captifs. Alors on va à leur rencontre, & il est rare que les marchés ne se terminent pas aussi-tôt.

Il ne faut pas oublier d'être aux petits soins avec ces sauvages, & de quitter tout ce que l'on fait lorsqu'ils arrivent. Les capitaines qui manquent souvent à ces égards qu'ils desirent qu'on ait pour eux, réussissent rarement dans les opérations qu'ils veulent faire; car les Maures, humiliés de se voir, pour ainsi dire, méprisés, aiment mieux se rendre aux habitations des blancs qui, faits à leurs usages, les reçoivent toujours bien. Les précautions indiquées pour traiter avec les Maures, doivent également être observées pour traiter avec les negres. Il y a cependant cette différence d'opérer avec les negres, que ces derniers ne prennent jamais d'interpretes; étant sûrs de trouver des negres de leur nation dans les maisons des blancs, ils y viennent sans précaution, discutant par eux-mêmes; & se font livrer sur le champ les objets convenus.

Soit que l'on traite avec les Maures, soit que l'on traite avec les negres, n'importe de quelle nation, il faut avoir une chambre qu'on nomme de *palabre*, c'est-à-dire une chambre où il n'y ait ni meubles, ni marchandises; sans cela on seroit exposé à être volé. Les palabres durent souvent deux heures, & pendant tout ce temps les gens qui suivent les chefs, jettent des regards de tous les côtés, pour tâcher de voler, s'il leur est possible,

sible, pendant que la traite se fait en negres &
en marchandises. Jamais ils ne sont d'accord à la
premiere entrevue; ils veulent voir si les marchandises des autres maisons ne sont pas de plus
belle qualité & à meilleur compte. On a soin de
les faire bien boire, si ce sont des negres; quoique Mahométans, on leur donne de l'anisette &
de l'eau-de-vie. Ils boivent à perdre la raison, &
alors terminent leurs marchés. Si ce sont des Maures, on leur donne à discrétion de l'eau & du sucre, quelquefois aussi de l'eau-de-vie; quoique
Mahométans ils en boivent, sur-tout les princes.

Quelquefois il arrive que c'est en vain qu'on
les régale; il est donc de la prudence du négociant qui traite avec eux, de ne leur faire donner à boire que lorsqu'il est à peu-près sûr de
conclure. Comme ces peuples exercent généralement l'hospitalité, ils mangent & boivent sans
aucune reconnoissance chez les blancs, parce qu'à
leur place ils les traiteroient d'aussi bon cœur
qu'ils s'en laissent traiter.

Les *Poules* ne viennent jamais ou rarement
vendre leurs captifs; ils apportent leurs denrées
à la colonie, mais ils ne veulent point boire.
Leurs palabres sont moins long; & lorsqu'ils
voient quelques marchandises qui leur conviennent, ils donnent l'argent qu'ils se sont procurés dans la colonie, en vendant leur mil, leurs
peaux, leur morphil, &c. Les marchandises qui
les attirent à la colonie sont le fer & la laine.
Le commerce avec cette nation ne se fait au Sénégal que depuis janvier jusqu'en juin; ce qui
fait qu'après cette époque, on n'a plus besoin
de porter du fer, car c'est ce peuple qui en fait

la plus grande confommation. Il fe fournit des autres objets néceffaires dans le voyage de Galam, ainfi que chez les Caracolets, les Saltiguets & les Maures de la riviere d'en-haut.

Il y a trois manieres ufitées pour faire ce voyage; on ne peut encore décider laquelle des trois eft la meilleure. La premiere & la plus fuivie par les Européens, c'eft de s'arranger avec un habitant negre qui fe propofe de faire ce voyage. Dans ce cas, on convient avec lui du nombre de barres qu'on lui donnera par captifs, ou bien l'on fait un forfait, & on lui accorde de cent vingt à cent trente barres, quelquefois même davantage, fuivant les circonftances. Il exige toutes barres pleines, parmi lefquelles il veut qu'il y ait huit pieces de guinées. Alors il répond de tout événement, & le voyage de Galam eft à fes rifques, périls & fortune. Si fon voyage eft malheureux, fes captifs de Tapades fervent de garantie, & on a tout droit fur eux. Pour la feconde maniere, l'habitant ne vous demande que cent barres pleines, & ne répond d'aucun événement ni de la mortalité. Le premier des deux partis eft fans contredit le plus avantageux quoiqu'on paie le captif bien plus cher. Dans les deux cas, le negre gagne beaucoup, quand même il effuieroit des pertes.

Le troifieme parti, qui eft d'y aller foi-même, feroit fans contredit préférable aux deux autres, fi les blancs pouvoient fupporter un fi pénible voyage; mais comme ils tombent prefque toujours malades, les negres en profitent; toutes les fautes, tous les malheurs retombent fur le blanc, & le bénéfice eft entiérement pour les negres.

Le seul avantage qu'on puisse retirer en y allant soi-même, c'est de connoître la valeur de la marchandise en riviere, & de pouvoir dans d'autres voyages éviter la supercherie des negres dans la reddition de leurs comptes. Plusieurs blancs ont essayé un quatrieme moyen ; c'est de frêter eux-mêmes un bâtiment, & d'envoyer à leurs frais un habitant chargé de leurs intérêts. Ce moyen produit plus que les autres ; mais il faut partager avec son capitaine, & de plus dans la reddition de ses comptes, il ne porte que des barres pleines, & prend le sel pour lui, assurant toujours qu'il a été obligé de le jetter à l'eau dans des cas pressans, ou par quelqu'autre raison dont on ne peut lui prouver la fausseté. Ce moyen est celui que les negres aiment le mieux, n'ayant qu'à gagner dans ces sortes d'expéditions. Cependant quoiqu'ils volent le plus qu'ils peuvent, on y gagne encore plus qu'autrement ; il ne s'agit pour réussir que de trouver le negre le moins frippon, & de bien connoître la valeur des marchandises en riviere. Le voyage de Galam est le plus utile que l'on puisse faire pour le bénéfice, & le plus dangereux pour les peines & fatigues auxquelles on est sans cesse exposé. Il faut considérer qu'il y a à la colonie des marchandises d'un prix fixe, & qui ne se peuvent refuser pour le paiement des frais qu'occasionne ledit voyage. Au moins c'étoit la coutume depuis l'existence de la colonie, & on la suivoit encore en 1785, lorsque j'entrepris de traiter par moi-même à Galam. Ces marchandises, sont les guinées, les fusils, &c. Leur valeur est fixée, jamais leur cours ne change ; on peut rejetter les objets qui ne sont point compris dans la note ci-dessous, quoiqu'objets de traite. La coutume de Gorée est tout-à-fait différente ; on établit la valeur des barres sur l'argent & non sur les marchandises.

Voici les objets qui, au Sénégal, ont toujours la même valeur, & qu'on ne peut refuser en paiement à la colonie.

	Barres.	Argent de France.
La piece de guinée	10	50 l.
Le fusil de traite	6	30
Les deux livres de poudre	1	5
Les cent pierres à fusil	1	5
Les cent balles	1	5
Les quatre mains de papier	1	5
Les quatre pattes de fer de Suede, large de deux pouces & demi, longues de neuf pouces, épais de sept à huit lignes, pesant au plus en totalité quatorze liv. poids de marc	1	5
Le fusil fin quelquefois accepté	10	50

Je ne prétends point dire que ces marchandises ont la valeur que je porte ici argent de France, mais seulement qu'elles passent & sont reçues pour cette valeur à la colonie du Sénégal. Comme cette valeur ne varie jamais, jamais on n'éprouve de difficultés en les donnant. Quatorze livres de fer, poids de marc, même n'étant point coupées en pattes, ne se refusent pas davantage ; mais il est plus avantageux de les donner coupées. On gagne par ce moyen au moins une livre par barre, ce qui, sur la quantité, produit un très-grand bénéfice.

La barre est une monnoie idéale de cinq livres sur les marchandises seulement, & non sur l'argent. Cette observation suffit pour faire connoître ce qui différencie les barres pleines, d'avec les petites barres. Une barre formant cinq livres, l'habitant a plus de bénéfice, ou plutôt moins de perte, de prendre une piece de guinée pour dix barres, que cent pierres à fusil, ou deux livres de poudre, ou deux livres de tabac, pour une barre. La différence est assez sensible.

Quatre pieces de vingt-quatre sous font une barre au Sénégal. A Gorée, la barre est de quatre pieces de vingt-quatre sous, & une de six sous. Au Sénégal, une piastre forte ne passe que pour une barre.

A Gorée, on remet six sous sur la piastre forte. L'écu de six livres, ainsi qu'au Sénégal, vaut, à Gorée, une barre & un cinquieme ; mais en riviere de Salum, une barre vaut seulement la piastre forte.

Avant que de passer au traitement & aux frais du voyage de Galam, je crois à propos de donner la note des marchandises ayant cours pour la traite, & de celles qui ne sont que de consommation pour les habitans des deux colonies.

CHAPITRE PREMIER.

Etat général des objets nécessaires pour la traite en riviere du Sénégal, Gorée, &c.

Prem. art. Guinées des Indes, d'un tissu très-fin, d'un bleu foncé, cuivré presque noir. Cet article est le plus essentiel au Sénégal, soit pour la traite de la gomme, soit pour la traite des negres avec les Maures. Les plus belles donnent toujours l'avantage. On doit rejetter les guinées de Rouen & autres des manufactures de France; car elles sont rejettées par les Maures.

2 & 3. Fusil à un & deux coups, de quatre pieds, huit à neuf pouces de longueur, grands calibres, bronzés & dorés, montures légeres, écusson d'argent. Ces armes servent pour les Maures, & en traite de Galam pour les Saracolets des caravanes. Les negres Yolofs commencent à en demander.

4. Fusils de munition, dits fusils de traite sans baïonnettes, baguette de bois, article de bonne valeur pour les negres en général, garnis en fer pour le Sénégal & riviere, & en cuivre pour Gorée & lieux voisins.

5. Fusils boucaniers de cinq pieds quatre pouces de hauteur, à l'épreuve, s'il se peut. Cet article est très-recherché des negres. Il ne passe point en traite, mais il se vend plus ou moins de barres, suivant la qualité & la quantité qui se trouve dans la colonie.

6. Pistolets d'arçons, à un & à deux coups. Cet article est très-peu recherché. La paire de pistolets passe en traite pour un fusil.

7. Sabre de traite, fourreaux rouges, inutiles aux Maures, & recherchés des negres.

8. Couteaux flamands, à viroles de cuivre, inutiles au Sénégal, bons à Gorée. Ils servent de poignards.

9 & 10. Balles à fusil, article très-recherché des Maures & des negres.

11 & 12. Pierres à fusil, grosses & fines,

grosses pour les negres, fines pour les Maures.

13. Jambettes angloises, les meilleures possibles. Leur cours n'est établi que sur la qualité. C'est un article très-utile aux Maures : ils s'en servent pour saigner leurs bestiaux.

14. Fer plat de Suede sans pailles, de deux pouces quatre lignes au moins de large, sept lignes d'épaisseur pour le Sénégal.

15. Fer plat françois, d'un pouce quatre lignes de large, trois à quatre lignes d'épaisseur, article bon pour Gorée. Ces deux articles sont essentiels ; on ne peut trop en avoir. On les vend avec avantage depuis les mois de février, jusques & compris le mois de juin. Passé ce temps, cet article est presqu'inutile.

16. Piastres fortes, objet de premiere nécessité à Gorée, & sans lequel on ne peut traiter. On peut s'en passer à la rigueur, au Sénégal.

17. Toiles platilles.

18. Toiles de Bretagne.

19. Indiennes communes.

20. Laines angloises, rouges, jaunes & vertes, toutes de bon teint. On ne peut la choisir de trop belle qualité ; il en faut peu de jaune & de verte. Cet article est des plus avantageux, sur-tout au Sénégal. On en vend toute l'année ; mais le fort de la vente est en janvier & en février au retour de Galam, & en juin & juillet, temps auquel on se dispose pour ce voyage.

21. Reveches jaunes & rouges.

22. Drap écarlate Londun. Cette étoffe sert pour les grisgris : il en faut en tout temps pour la traite.

23. Eau-de-vie pour le Sénégal, Galam & Go-

rée. Les Maures & les Poules n'en font point de consommation.

24. Papier fort à la licorne.
25. Tabac de Virginie.
26. Grelots d'argent, bons pour Galam.
27. Mortottes d'argent, assez inutiles.
28. Sonnettes d'argent, inutiles au Sénégal, bonnes pour Gorée.
29. Bassins de cuivre pour Gorée, & la nation Poule, en riviere au Sénégal.
30. Cloux de girofle.
31. Petits ciseaux.
32. Petits cadenats.
33. Briquets.
34. Peignes de bois ou de buis.
35. Tabatieres de fer-blanc peintes.
36. Tabatieres de carton, garnies de plomb, dites demie journées.
37. Miroirs de campagne.

Tous ces objets sont articles de traite. Ainsi que la verroterie qui varie suivant les temps & l'abondance.

CHAPITRE SECOND.

Articles de verroterie qui ont toujours cours.

Premier article. Ambre, n°. 2, 3 & 4. Il sert en voyage de Galam pour traiter l'or.

2. Corail fin de huit à neuf lignes de longueur, trois lignes de diametre, bien net. On traite avec cet article à Galam, par poids égal d'or. On peut en avoir de moins long & plus petit ; mais celui

qui eſt abſolument petit, ne ſe vend que très-difficilement.

3. Cornalines rondes, taillées & bien claires, article de non-valeur au Sénégal, mais de premiere néceſſité à Gorée.

4. Black pointe ou contre-brodé. Objet tout-à-fait inutile au Sénégal. Il en exiſte de plus de vingt ſortes différentes qui ont toutes cours à Gorée, &c.

5. Tuyaux de pipe d'un pouce de long. Cette verroterie ne ſe vend avec avantage que chez la nation Poule. Des députés de Doumons, vinrent me dire de ne pas les faire couper ſi courts; parce que, dans ce cas, ils aiment autant le galet, c'eſt ce qui me fait preſcrire leur longueur.

6. Raſades jaunes, vertes, noires & blanches. Les deux ſortes les plus recherchées ſont la noire & la blanche. Cette verroterie eſt de la plus grande défaite au Sénégal: une $\frac{1}{2}$ en blanche, un $\frac{1}{4}$ de noire, un $\frac{1}{8}$ de verte, un $\frac{1}{8}$ de jaune.

7. Criſtaux faux aſſortis. Les petits ne ſe vendent point. Il les faut moyens, blancs ou plutôt couleur de verre. Le bleu de ciel eſt auſſi recherché. Cette verroterie ſert aux negres à traiter le mil, la volaille, le gibier, le poiſſon, &c. Il s'en fait grande conſommation; & quand on ſait choiſir la groſſeur, on ne peut en avoir trop. Quelle que ſoit l'abondance dans la colonie, cet article donne un bénéfice immenſe, même dans les temps les moins avantageux.

8. Œufs de pigeons, dits tourne-culs, bleus & blancs.

9. Galet blanc, noir & rouge. C'eſt l'article

le plus courant de toutes les verroteries. Il l'est chez la nation Yolofe, pour traiter mil, sel, &c. Les Maures & les peuples negres de tout l'intérieur des terres, y attachent une grande valeur.

10. Blanc de neige, rond & taillé en grains d'orge. Le blanc de neige taillé est préféré au Sénégal. Cet objet donne plus de bénéfice que l'ambre & le corail; mais il n'en faut pas en grande abondance; car alors, il baisse de prix, n'étant pas de premiere nécessité comme le galet.

11. Agathe blanche. Il en faut peu, cet article n'est point lucratif. Il s'est même vendu à perte, mais il est nécessaire pour l'assortiment de verroteries.

12. Faux corail, objet recherché du côté de Gorée, ne se vendant point au Sénégal.

13. Faux grenat, pour Gorée & lieux voisins seulement.

14. Corail piment. Cette verroterie, toute belle qu'elle soit, ne passe pas en traite, elle ne se vend qu'aux habitans du Sénégal & de Gorée : c'est la premiere parure des jeunes filles.

Les quatorze articles ci-dessus désignés, forment quarante-quatre especes différentes de verroterie, qui toutes ont cours dans les deux colonies : il faut être assorti proportionnément aux besoins connus. Il en est dont on peut se dispenser, & d'autres sont d'absolue nécessité.

Les objets de verroterie ci-dessus, qui par eux-mêmes ne sont rien, puisqu'ils n'ont que des valeurs idéales & momentanées, sont cependant de la premiere nécessité pour faire de bonnes affaires. On pourroit traiter sans eux, mais on perdroit l'avantage des petites barres dans les expéditions de riviere. Par exemple, une masse de blanc de neige en forme quatre à la colonie, & en riviere & à Galam en forme huit. En 1785, la masse me coûta en France cinquante-trois sous; elle étoit de quarante cordes. Au Sénégal la masse n'est que de dix cordes; en riviere & à Galam, elle n'est que de trois, quatre & cinq, plus ou moins, suivant la rareté & l'abondance de la verroterie; c'est pourquoi on ne doit être que bien assorti, mais rien de trop, & que l'appas du gain ne fasse pas prendre de ces especes plus qu'on ne peut en vendre. En suivant cette méthode, on aura toujours un gros intérêt de ses fonds; & si on se fixe quelque temps au Sénégal, on s'y procurera toujours l'argent nécessaire à la traite que l'on veut faire.

CHAPITRE TROISIEME.

Objets de consommation & de vente avantageuse aux habitans de Gorée & du Sénégal, lesdits objets n'ayant point de valeur en traite.

1. Vins de Bordeaux.
2. Anisette Marie Brizard, ou autre bonne qualité.
3. Farines en bariques.
4. Fruits secs.
5. Dragées & confitures.
6. Chapeaux de negres.
7. Pantoufles rouges, peu de vertes & de jaunes.
8. Culottes de toile pour matelots.
9. Chemises bleues de matelots.
10. Grands couteaux.

11. Grands ciseaux.
12. Limes assorties.
13. Marteaux assortis.
14. Montres, ressorts en acier.
15. Soies. Bonne qualité, diverses sortes.
16. Haches de premiere qualité. Il en faut pour tous les ménages.
17. Herminettes & outils de charpentier.
18. Rabots & outils de menuisier.
19. Encre & plumes.
20. Papier à lettre.
22. Cire à cacheter.
23. Toiles communes.
23. Indiennes communes passent en traite à Gorée, &c.
24. Mouchoirs de Masulipatan.
25. Drap bleu & écarlate.
26. Etoffes légeres pour les gilets des hommes.
27. Aiguilles angloises.
28. Boucles d'argent.
29. Pommade en pots.
30. Pommade en bâton.
31. Odeurs diverses.
32. Verres à boire, cul plat.
33. Fanal ou lanternes.
34. Plomb à giboyer. Il passe en traite.
35. Poivre noir & épices.
36. Entonnoirs, cafetieres, mesures.
37. Poids de marc, balances, grains, gros, &c.
38. Cuivre en feuilles pour les Maures.

On trouve à vendre avantageusement tous ces objets à la descente de Galam. Alors l'habitant ne s'épargne rien; mais lorsqu'on commence le voyage, ces objets sont inutiles; c'est pourquoi en tout temps ces articles ne doivent être qu'accessoires, & en petite quantité. On se tromperoit beaucoup si on établissoit sur eux le bénéfice d'un voyage, tous ces objets n'étant de vente qu'au retour de Galam. Il faut, au contraire, lorsqu'un navire part de France pour arriver à la colonie à la fin de mai, y apporter des objets accessoires & non de traite.

1. Planches de sapin de dix pieds de long, neuf à dix pouces de large, un pouce d'épaisseur.
2. Planches de chêne pour bordages.
3. Cloux doux assortis.
4. Goudron & bray.
5. Blanc de céruse & verd de gris pour couleur.
6. Toiles à voiles.
7. Rames.
8. Vieux cordages & étoupes.
9. Grappins & ancres.
10. Tous les objets nécessaires pour leur faciliter les moyens de faire le voyage de Galam qui est comme la moisson de toutes ces contrées. Alors les negres propriétaires ne se passent aucune fantaisie, au-lieu qu'à la descente, l'espoir qu'ils ont d'être employés par les Européens pour travailler soit en riviere, soit à la colonie, l'éloignement du futur voyage de Galam; la misere & les fatigues qu'ils ont essuyées à celui qu'ils viennent de faire; l'argent ou les marchandises qu'ils ont reçues en paiement, tout les engage à se procurer ce qui leur fait plaisir. Ils ne marchandent guere & paient volontiers tant qu'ils ont de l'argent. Leur fait-on crédit, on ne peut se faire payer qu'avec peine; alors il faut employer l'autorité, & l'on devient l'ennemi de toute la colonie.

CHAPITRE QUATRIEME.

Valeur des marchandises de traite au Sénégal, leur valeur en rivière & à Galam passé Podor.

	au Sénégal. bar. arg. l.	en rivière. bar. arg. l.
La piece de guinée	10 50	8 40.
Le fusil à deux coups	20 100	16 80.
Le fusil fin à un coup	10 50	8 40.
Le fusil de traite	6 30	8 40.
Le fusil boucanier	10 50	10 50.
La paire de pistolets d'arçons à un coup	6 30	8 40.
La paire à deux coups	16 80	16 80.
Le sabre de traite	1 5	2 10.
Les deux livres de poudre	1 5	4 20.
Les cent balles de fusil	1 5	2 10.
Les cent pierres à fusil	1 5	2 10.
La piece de platille	2 10	4 20.
La piece de Bretagne	3 15	4 20.
Quatre mains de papier	1 5	1 5.
Deux livres de tabac de Virginie	1 5	3 15.
Dix miroirs de campagne	1 5	10 50.
Dix tabatieres de girofle	1 5	10 50.
Dix briquets	1 5	5 25.
Dix ciseaux	1 5	5 25.
Dix petits couteaux	1 5	5 25.
Dix peignes de buis	1 5	5 25.
Quatre jambettes angloises	1 5	4 20.
Un $\frac{1}{2}$ écarlate	1 5	2 10.
Quatre onces de laine	1 5	4 20.
Quatre pintes d'eau-de-vie	1 5	4 20.

Il faut de plus calculer le produit de la verroterie qui a toujours en riviere quadruplé la valeur de son cours au Sénégal. Ce qui donne encore un très-grand bénéfice, les articles de verroteries & les bagatelles, tels que miroirs, &c. sont ce que l'on nomme barres foibles, & il n'est point étonnant que les habitans en allant à Galam ne veulent point les recevoir en barres pleines à moins qu'on ne les leur fournisse sur le prix de la colonie, ce qui dans ce dernier cas produit encore un très-grand bénéfice.

CHAPITRE CINQUIEME.

Eclaircissemens pour un bâtiment qui se propose de faire le voyage de Galam, dans la vue d'y traiter cent negres au moins. Précaution pour les bâtimens, frais des coutumes avant d'entrer en traite; frais d'équipages & autres en retour.

D'abord pour le bâtiment. Il faut qu'il soit bien bastingué, de trois pieds au-dessus du pont en fortes planches, qui puissent résister aux coups de fusil. Il faut que toute communication de la cale à la chambre soit interceptée; il faut deux bonnes chaloupes pour alléger & remorquer le navire suivant le cas dans les différens endroits de la riviere. Il est nécessaire que le bâtiment soit bien armé pour résister en cas d'attaque. On doit donner à chaque homme de l'équipage, un fusil & un sabre de sûreté, cinquante paires de fers suffisent pour les captifs, car ils sont presque tous *Bambara*; on n'a point de révolte à craindre de leur part, & on ne les met que rarement aux fers : il en faut cependant pour les mauvais sujets que la nation Saracolet au-lieu de punir de mort, vend aux bâtimens. On ne peut prendre trop de précaution avec ces derniers; il seroit même avantageux, si la chose étoit praticable, de les séparer des Bambara, nation douce, mais qui se porte quelquefois aux dernieres extrêmités quand elle est animée.

On doit avoir un capitaine qui connoisse parfaitement la manœuvre, la riviere & le langage des peuples chez lesquels on se propose de traiter.

Le second doit avoir, s'il est possible, autant de connoissances que le capitaine; l'un étant occupé à la traite d'un côté, pendant que l'autre restant à bord, doit y traiter, conduire le navire, diriger la route, avoir soin des captifs, & maintenir l'ordre parmi l'équipage.

Il faut de plus cinq gourmets, savoir deux pour être timoniers, un charpentier, un voilier & un maître d'équipage; ce dernier se nomme maître de langue. Ils passent tous pour gourmets, c'està-dire officiers negres, vivent ensemble & ont le même traitement.

Vingt-quatre laptots qui sont les matelots negres.

Quatre pileuses pour battre le milet, préparer les mets, & autant de rapasses qu'il s'en présente, peu importe leur âge. Ces rapasses sont des enfans negres qui font le voyage gratis pour s'instruire de la riviere & du langage des peuples. Ils servent beaucoup dans toutes les circonstances: c'est pourquoi on ne doit point les refuser, sur-tout leur nourriture se prenant sur la portion générale, ils ne coûtent rien à l'armement, & lui sont du plus grand avantage.

Frais

(209)

Frais d'un navire qui se propose de traiter cent negres à Galam. Les coutumes comme elles le furent en 1785. Le voyage de cinq mois pleins.

	bar.	arg. l.
Le capitaine. Son traitement est de 16 barres par mois; de plus on lui accorde une bouteille de vin, par jour, qui se paie par 4 barres par mois. Cinq mois de route font	100	500
Le second a 8 barres par mois, une bouteille de vin ou d'eau-de-vie par semaine qui s'acquitte par une barre par mois, fait la quantité de 5 barres par mois; pour cinq mois de route ..	45	225
Le maître de l'équipage 5 barres par mois & une pour le vin, font pour cinq mois	30	150
Les deux timoniers, le charpentier & le voilier, même traitement que le maître d'équipage	120	600
Vingt-quatre laptots à 3 barres par mois, pour cinq mois font 360 barres	360	1800
Quatre pileuses à trois barres par mois	60	300
De plus, il faut calculer le traitement pour le sel qui revint en 85 à la colonie à une barre la barique, tout port franc en riviere		
Le capitaine 4 bariques	4	20
Le second 2 bariques...........	2	10
Le maître d'équipage 2 bariques ..	2	10
	723	3615

O

	bar.	arg. l.
d'autre part . . .	723	3615
Les quatre gourmets une barique & demie pour chaque	6	30
Vingt-quatre laptots, une barique à chaque	24	120
Quatre pileuses, demi-barique à chacune	2	10
Total des frais de l'équipage . . .	755	3775

Il faut observer que la barique de sel est la barique de Bordeaux, que le sel est l'objet essentiel pour les negres qui montent à Galam. Il faut le leur porter franc en riviere, ainsi que les objets qu'ils se procurent en retour. Sans ces conditions ils ne feroient point ce voyage, car le sel leur sert à acheter des pagnes, des mortiers de bois pour piler le mil, du tabac, des haricots secs, & mille autres articles qui leur sont de premiere nécessité, & très-utiles pour leurs ménages. Ceux qui n'ont pas besoin de ces articles, vendent leurs sels pour de l'or, plus ou moins, suivant les besoins des Saracolets, six, sept & même huit gros d'or la barique. Cet or se vend à la colonie deux barres le gros, c'est-à-dire 10 liv.; donc la barique de sel produit à ces laptots 60, 70 ou 80 livres, suivant les circonstances. Elle produit encore plus, lorsqu'ils se procurent les objets dont j'ai parlé plus haut. Il n'est donc point étonnant que tous les negres tiennent si fort à cette denrée.

CHAPITRE SIXIEME.

Dépenses pour les vivres d'un équipage, comme ci-dessus.

Il faut pour la nourriture de chaque personne de l'équipage un moule de mil par jour, ce qui fait 35 moules, qui, multipliés par 30 jours, pour chaque mois, le voyage étant de 5 mois, forme 5,250 moules de mil.

De plus, une demi-livre de viande pour chaque laptot & pileuses, aux gourmets une livre, aux capitaines, premier & second, une livre & demie, total 22 livres de viande par jour, qui, multipliées par 30 jours, pour chaque mois, le voyage étant de 5 mois, forment la quantité de 3,300 livres de viande.

Le mil s'achete par matar. Le matar contient 40 moules; donc 5,250 moules donnent 131 matars un quart.

Le matar se paie en riviere 4 coudées de guinées : dans une piece de 13 aunes & demie, on y trouve 29 à 30 coudées; une piece ne donne donc au plus que huit matars & demi, qui, pour 131 matars un quart, exigent 15 pieces & demie de guinées à 10 barres la piece ....

	bar.	arg. l.
	155	775

La viande s'achete, savoir le bœuf, un fusil fin chez les Maures, un fusil de traite chez les negres. Les plus forts moutons, ou cabris, se paient une

155	775

	bar.	arg. l.
d'autre part ...	155	775

pièce de guinée la douzaine, & on en a quatorze lorsqu'ils sont petits. Les bœufs au-dessus de Podor donnent de 100 à 140 livres de viande; prenant le terme moyen pour toute l'étendue de la riviere, c'est 120 livres de viande que chaque bœuf peut fournir. Il faut donc diviser 3,300 livres par 120 liv., ce qui donne 27 bœufs & demi. Supposons 28, c'est 28 fusils fins, qui, évalués dix barres chacun à la colonie, font 280   1400

Il faut aussi calculer les frais de nourriture des negres captifs; cette évaluation ne peut être juste; c'est du plus au moins. Ceux qui arrivent au commencement & ceux qui arrivent à la fin de la traite. On ne peut évaluer moins que deux mois de nourriture pour chaque captif, qui du fort au foible pour 100 consomment au moins 80 moules de mil par jour, c'est-à-dire deux matars; ce qui fait 100 matars qu'on ne peut se procurer moins de 14 pieces de guinées 140   700

On a coutume de leur donner de la viande pour procurer quelque goût à leur chétive nourriture : on ne peut en mettre moins que quatre onces par homme; ce qui fait d'après l'évalua-

575   2875

	bar.	arg. l.
ci-contre	575	2875

tion ci-dessus 25 livres par jour : en les multipliant par 2 mois à 30 jours, chaque mois produit la quantité de 1500 livres de viande; en divisant par 120, on aura encore besoin de 12 bœufs & demi : supposons 12, pour revenir au calcul d'autre part, à un fusil par bœuf fait, à dix barres le fusil | 120 | 600 |
| Total des nourritures ... | 695 | 3475 |

CHAPITRE SEPTIEME.

Frais de coutume reçus tant pour la liberté de la riviere, que pour les bénéfices du capitaine & du Baquelet de Galam, prince negre le plus nécessaire à la traite.

	bar.	arg. l.	s.

Outre les appointemens ci-dessus accordés au capitaine, il lui revient de droit, 2 barres par captifs. Si l'expédition est heureuse, & qu'on en traite 100, comme on se l'est promis, c'est pour le capitaine .. | 200 | 1000 |

La Baquelet de Galam, pour les facilités qu'il procure dans les terres, les gens qu'il expédie aux caravanes, les soins qu'il en prend, exige aussi 2 bar-

| | 200 | 1000 |

(214)

	bar.	arg. l. f.
d'autre part...	200	1000
res par captif, supposant qu'on traite moitié au-dessus de son endroit à Tamboucanée ou autres lieux. C'est pour son droit.	100	500
La coutume générale payée à Saldé, doit se monter alors à	625¾	3128 15
Le reste des coutumes en riviere ne doit coûter, y compris celles données au roi de Galam..........	120	600
Total des frais de coutumes	1045¾	5228 15

Récapitulation générale des frais.

1°. Frais des gages de l'équipage, montant à la quantité de...........	755	3775
Dépense pour les vivres...	695	3475
Frais des coutumes & objets de dépenses qui y ont rapport...........	1045¾	5228 15
Total des frais d'armement pour le voyage de Galam..		
	2495¾	12478 15

Il s'ensuit de ce calcul, qu'en se proposant de traiter cent negres à Galam, les frais pour un bâtiment européen se montent en totalité, y compris les coutumes, à la quantité de 2,495 barres trois quarts, lesquelles barres, évaluées suivant le prix de la colonie, & non suivant le prix de la riviere, à 5 liv. la barre, forment la somme de 12,478 livres 15 sous. La valeur des barres que l'on donne pour l'achat des captifs, est de beaucoup moins forte que celles des coutumes, vivres & paiement d'équipage, qui sont toutes barres pleines. Ce qui fait que je les ai calculées sur la valeur de la colonie, & non pas en valeur de riviere. On a vu plus haut, que pour vivres & paiement d'équipages, il n'y a que des barres pleines. Elles le sont également pour les coutumes ; car en 1785, je donnai, ainsi que tous les autres bâtimens européens, pour avoir liberté de commerce chez les Poules ; savoir, pour la coutume générale :

	bar.	arg. l.	s.
Dix pieces de guinées	100	500	
Quatre fusils à deux coups	80	400	
Quatre fusils fins à un coup	40	200	
Quatre sabres de traite	8	40	
Dix fusils de traite	60	300	
Dix pieces de platille	40	200	
Dix pieces de Bretagne en blanc	000	000	
Dix barils de poudre de deux livres chacun	20	100	
Mille balles	10	50	
Mille pierres à fusil	10	50	
Dix barres écarlate	10	50	
Dix miroirs	2	10	
Dix tabatieres garnies de girofle	2	10	
Dix mains de papier à la licorne	$2\frac{1}{2}$	12	10
Dix masses de gros galet	10	50	
	$394\frac{1}{2}$	1972	10

	bar.	arg. l. f.
d'autre part . . .	394½	1972 10
Dix masses de blanc de neige . .	10	50
Quarante grelots d'argent	13¼	66 5
Dix grains de corail	10	50
Dix grains d'ambre n°. 2 . . .	5	25
	432¾	2163 15

On exigea de plus dix cafetieres, dix bassins de cuivre, dix chapeaux, dix marteaux, dix haches, dix herminettes, & généralement dix d'autres articles de même nature qu'on n'a point coutume de porter en traite dans cette partie de la riviere, dont la totalité, y compris les dix pieces de Bretagne portées plus haut, furent acquittées par quatre pieces de guinées 40   200

Cette concession de tant d'articles pour quatre pieces de guinées, prouve le cas que les naturels font de ces toiles, puisque les dix pieces de Bretagne seules coûtent plus que les quatre pieces de guinées. De-là, on peut encore conclure le peu de cas qu'ils faisoient des objets qu'ils vouloient en coutume, & qu'ils ne connoissoient que de nom par leurs émissaires que les gouverneurs souffrent à la colonie.

La coutume générale se monte à 472¾ 2363 15

Pour le présent particulier de l'*Almamy*, il n'exigea point de fusils, mais

	bar.	arg. L.
Deux pieces de guinées	20	100
Deux pieces de platilles	6	30
Deux barres écarlate	2	10
Deux barils de poudre, de 2 liv. chacun	4	20
Six grains d'ambre, n°. 2	3	15
Deux grains de corail	2	10
Six grelots d'argent	2	10
Deux masses de blanc de neige	2	10
Quatre mains de papier	1	5
Total du présent de l'Almamy	42	210

Le présent de Siry d'Ara, son ministre.

Deux pieces de guinées	20	100
Un fusil à deux coups	20	100
Un fusil fin	10	50
Deux barils de poudre, de 2 liv. chacun	4	20
Cent balles	1	5
Cent pierres à fusil	1	5
Quatre mains de papier	1	5
Trois grelots d'argent	1	5
Deux grains de corail	2	10
Deux grains d'ambre	1	5
Total du présent du ministre	61	305

Pour le présent du *Tampsir* chargé de recevoir les coutumes.

Deux pieces de guinées	20	100
Un fusil fin	10	50
Deux pieces de guinées	20	100
Total du présent du Tampsir	50	250

Nota. Ces deux dernieres pieces de guinées acquitterent l'article porté dans la coutume générale pour son droit de présence; il aima mieux les deux pieces de guinées, & nous aussi.

Récapitulation des coutumes & présens payés à Saldé pour avoir la liberté de la riviere.

	bar.	arg. l.	f.
La coutume générale	472¾	2363	15
Le présent de l'Almamy	42	210	
Le présent du ministre	61	305	
Le présent du Tampsir	50	250	
Total	625¾	3128	15

Cette coutume est d'autant plus considérable que les marchandises en riviere ont une valeur bien plus forte. Le baril de poudre par exemple y passe pour 8 barres; les cent pierres à fusil pour 2 barres, &c. La récapitulation des barres de riviere fit monter cette coutume à 839 barres. Les captifs étant à 70 barres comme ils le furent en 1785, ce fut donc la valeur de douze captifs & même plus que l'on donna pour lesdites coutumes. Car je payai à Galam le captif 70 barres, savoir :

	bar.
Quatre pieces de guinées, qui, en riviere, ne passent que pour 8 barres chacune	32
Un fusil fin à Galam ne passe que pour	8
Un fusil de traite	8
Une barique de sel	6
	54

	bar.
ci-contre	54
Une bouteille de poudre	4
Un seizieme écarlate	1
Cinquante pierres à fusil	1
Cinquante balles	1
Quatre mains de papier	1
Une tabatiere de girofle	1
Un miroir de campagne	1
Deux têtes de tabac de Virginie	1
Trois cordes de blanc de neige	1
Deux onces de laine rouge	2
Douze cordes de galet blanc	1
Trois grelots d'argent	1
Total, valeur de riviere ...	70

Ce prix étoit convenu par les maraboux du pays. Le captif étoit cher en 1785, on verra plus bas la balance des années précédentes.

Le captif porté à Galam à 70 barres, ne valoit, argent de la colonie, que 62 barres $\frac{1}{4}$, car

Quatre pieces de guinées		40
Un fusil fin		10
Un fusil de traite		1
Une bouteille de poudre .. $\frac{1}{2}$ bar. }		
Un seizieme écarlate .... $\frac{1}{2}$ .. }		1
Cinquante pierres à fusil .. $\frac{1}{2}$ .. }		
Cinquante balles .... $\frac{1}{4}$ .. }		1
Quatre mains de papier		1
Une tabatiere de girofle .. $\frac{1}{2}$ .. }		
Un miroir .... $\frac{1}{2}$ .. }		1
Douze cordes de galet blanc $\frac{1}{4}$ ... }		
		55

(220)

　　　　　　　　　　　　　　　　　　bar.
　　　　d'autre part ⋯⋯ 55
　Trois cordes de blanc de neige ⋯ $\frac{1}{4}$ ⎫
　Deux têtes de tabac de Virginie ⋯ $\frac{1}{4}$ ⎬ ⋯ 1
　Deux onces de laine ⋯ $\frac{1}{2}$ ⎭
　Trois grelots d'argent ⋯⋯⋯ $\frac{3}{4}$
　Total de la valeur du negre de Galam au cours des marchandises de la colonie, le negre évalué & convenu à 70 barres ⋯⋯
　　　　　　　　　　　　　　　56 $\frac{3}{4}$

　Le captif de 70 barres à Galam, valant, argent de la colonie, 56 barres $\frac{3}{4}$, ne valoit, argent réel de France, que

　　　　　　　　　　　　　　　liv.　f.
　Quatre pieces de guinées à 40 liv. ⋯ 160
　Un fusil fin de 15 liv. ⋯⋯⋯ 15
　Un fusil de traite de 7 liv. 10 f. ⋯ 7　10
　Une barique de sel de 3 liv. ⋯⋯ 3
　Une bouteille de poudre ⋯⋯⋯ 1　4
　Un seizieme écarlate ⋯⋯⋯ 　　16
　Cinquante pierres à fusil à 4 l. le cent 　　4
　Cinquante balles à 8 f. la liv. ⋯ 1
　Quatre mains de papier à 7 sous ⋯ 1　8
　Une tabatiere garnie de girofle ⋯ 　　12
　Un miroir ⋯⋯⋯⋯⋯ 　　3
　Trois cordes de blanc de neige ⋯ 　　6
　Douze cordes de galet blanc à 16 sous la livre ⋯⋯⋯⋯⋯ 　　10
　Deux têtes de tabac de Virginie à 35 livres le cent ⋯⋯⋯⋯ 　　6
　　　　　　　　　　　　　　　191　19

	liv.	f.
ci-contre . . .	191	19
Deux onces de laine rouge à 10 liv. la livre	1	
Trois grelots d'argent, à 1 liv. piece	3	
Total du captif, valeur réelle argent de France		
	195	19

Le captif ne me coûta donc, argent de France, les marchandises évaluées au plus haut, que 195 livres 19 sous. En 1782 & 1783, le captif coûta 60 barres, parmi lesquelles on donna cinq pieces de guinées & un fusil, le reste en barres foibles. En 1784, le captif ne coûta aussi que 60 barres; mais on ne donna que trois pieces de guinées & un fusil fin, le reste en barres foibles. En 1785, il coûta 70 barres; on donna quatre pieces de guinées. De ces diverses années, on peut établir un calcul juste pour une opération, soit qu'on donne plus ou moins de guinées; ce sont elles qui fixent le prix du captif, le reste est tenu pour présent dans le pays, & la valeur de ces malheureux ne consiste que sur le plus ou le moins de guinées.

	liv.	f.
Le captif valant à Galam 70 barres, à 5 liv. la barre, c'étoit, argent de riviere	350	
Lesquelle 70 liv., réduites à la valeur de la colonie, ne formoient que 62 bar. $\frac{1}{4}$; c'étoit, argent de la colonie	313	15
Lesdites 62 barres $\frac{1}{4}$, argent réel de France, ne valoient que	195	19

D'après ces calculs, il est aisé de voir ce que la somme pour les coutumes & frais d'armement au Sénégal, de 12,478 liv. 15 sous, doivent donner, étant repartis sur chaque captif, supposant qu'on en traite cent. Cette somme divisée par 100 donnera 124 liv. 15 sous 9 den.

Donc en 1785, les frais de coutume étant payés, & tout évalué en argent de France, chaque esclave, rendu au Sénégal, coûta

Pour 70 bar. argent de la colonie 313 l. 15 s. d.
Pour fraix de coutume, &c. . . . 124   15   9
     Total 438   10   9

Les capitaines, venant traiter au Sénégal, payerent, en cette même année, le captif, à la descente de Galam, de 800 à 900 liv., argent effectif de France. Le captif coûtant, argent de la colonie & rendu à la colonie 438 liv. 10 s. 9 den., on eut donc à ce prix cent pour cent de bénéfice; ce qui prouve la bonté du commerce de Galam, puisqu'on a encore de plus le bénéfice de l'argent réel de France sur l'argent idéal de la colonie. Je n'entreprends point de donner ici la valeur réelle argent de France, car les avaries & autres faux frais qu'on ne peut calculer, font qu'on peut se contenter d'établir avec certitude sa traite sur l'argent de la colonie, on y trouve un bénéfice assez considérable.

Les dangers auxquels on est exposé en faisant ce voyage; les fraix occasionné par les coutumes & par les vivres, ainsi que le paiement de l'équipage negre, exigent qu'on ne fasse point de petites opérations, il est donc nécessaire de se préparer toujours à ramener cent negres; car si on ne s'en procure que la moitié, & qu'on ne puisse pas se dédommager par l'or, le morphil, il est incontestable que les esclaves reviendroient à un prix bien plus considérable, & alors il seroit plus avantageux de rester à la colonie où l'on auroit la peine & la fatigue de moins. Je ne sais pas comment on peut s'engager à ce voyage, sans en connoître les conséquences. Pour moi, j'ignore encore comment j'ai pu m'y décider si aisément, sur-tout ayant essuyé tant de fatigues en Barbarie.

CHAPITRE HUITIEME.

Marchandises nécessaires pour traiter cent negres, or & morphil, à proportion à Galam & en riviere.

Cinq cents pieces de guinées.
Cinquante fusils à deux coups.
Quatre-vingts fusils fins à un coup.
Cinquante fusils de traite.
Cinquante sabres.
Cent vingt pieces platilles.
Quinze rames de papier.
Mille livres de poudre à canon.
Dix mille pierres à fusil, grosses & fines.
Dix mille balles de fusil.
Miroirs, tabatieres, ciseaux, briquets, peignes de buis, de chaque sorte deux grosses.
Le total de la cargaison supposée à 1200 liv. d'ambre & de corail, monteroit, valeur de facture de France, à la somme de 27,800 livres.
Quatre livres de girofle.
Cinquante bariques de sel. Le reste pour les laptots.

Douze livres de laine écarlate.

Deux livres jaunes, deux livres vertes.

Le plus de corail & d'ambre possible. On n'en a jamais trop; on traite l'or pour ces articles.

Vingt masses blanc de neige. La masse a dix cordes seulement.

Quatre cents livres galet blanc & rouge. Plus de blanc que de rouge.

Vingt livres rasades.

Deux cents dix livres tuyaux de pipes pour les Poules.

On les troque pour du mil & du tabac.

Cet état de cargaison, sortant de la colonie, doit produire cent negres, dix mille liv. de morphil, & de l'or à proportion de l'ambre & du corail ainsi que des grelots d'argent.

D'après cet état pour la riviere, & la note donnée des marchandises de consommation au Sénégal, ainsi que de celles qui, étant objet de traite, n'ont pas de valeur fixe, il est assez inutile de donner un état de cargaison pour plus ou moins de negres voulant traiter au Sénégal seulement. Il suffit de dire qu'on doit s'instruire positivement du cours, & ne se charger des marchandises dont la note est ci-dessus, que selon les circonstances.

Le retour vendu à la colonie, supposant cent negres à 800 liv. 80000
10000 liv. morphil à 42 sous la liv. . 21000

Total . . . 101000

Sans l'or, les plumes & autres objets pour les vivres, &c.

CHAPITRE

CHAPITRE NEUVIEME.

Maniere de traiter les negres esclaves.

Pour le bien de ses commettans, il ne suffit pas qu'un géreur connoisse tout ce dont je viens de parler. Il faut de plus qu'il sache conduire ses esclaves, adoucir leur misere, leur faire espérer un sort doux & propice; qu'il ait le talent de leur faire regarder le moment de leur départ pour l'Amérique comme celui de leur délivrance & de leur bonheur. Par ces moyens il évite & les révoltes & une partie des mortalités que le chagrin occasionne. Je parle par expérience, ayant été moi-même captif, & connoissant que jamais je ne m'attachai plus à un maître que lorsque je voyois, qu'unissant son intérêt au mien, il me faisoit faire route pour me vendre à des personnes qui auroient le plus grand soin de moi. Si je me trompe dans mon calcul, je doute que quelqu'un qui n'a point passé par cet état, puisse mieux réussir & ait des idées plus justes. Il faut donc absolument qu'un géreur soit instruit de tous ces objets, s'il ne veut point exposer ses commettans à des pertes d'autant plus grandes, qu'elles sont irréparables, une opération heureuse, produite par les circonstances, ne doit point aveugler, il faut toujours être sur ses gardes.

Un géreur doit de plus connoître la maniere de traiter & de nourrir ses captifs, il faut qu'il soit regardé par eux comme leur pere. Alors il est en sûreté, car un pere n'a rien à craindre de ses enfans, & un géreur n'a plus à craindre de ses captifs, quand il fait adoucir leur misere. Il est si aisé, dans cet état, de se faire aimer & respecter, que je ne puis comprendre encore, comment on peut se faire détester des captifs. J'ai eu plus d'une fois cent vingt negres en captivité. J'allois tous les jours les voir, & j'étois toujours en sûreté parmi eux. A peine y avoit-il apparence de révolte, soit à la compagnie, soit chez M. Vigneux, que mes Banbaras que je laissois libres dans la colonie, m'en instruisoient. Alors chez moi, tout étoit tranquille. J'étois seul au milieu d'eux, & quelquefois même dans des occasions d'incendie, j'allois à leur tête pour y porter du secours, & jamais aucun d'eux n'a tenté de m'abandonner. Je ne parle pas ici des Yolofs, trop voisins de leur pays, pour laisser perdre une occasion de recouvrer leur liberté, si elle s'étoit présentée; mais mes Banbaras les gardoient, pendant que leurs camarades étoient avec moi. J'en vis même beaucoup s'embarquer avec joie, les ayant assurés qu'ils seroient heureux dans l'habitation où je les envoyois. C'est par de tels moyens, que l'on doit s'acquitter de cette pénible & dangereuse tâche ; & je doute qu'un homme ignorant absolument toutes ces choses, pût parvenir à réussir, soit pour lui, soit pour ses commettans. Ma maniere de traiter les captifs m'a paru d'autant meilleure, que jamais je n'en ai perdu par désertion, quoiqu'ils ne fussent point gardés, au-lieu que de mon temps, la compagnie en perdoit tous les jours, quoique ses géreurs eussent le soin de les faire garder avec la plus grande sévérité. Compatir à la misere des malheureux, c'est le seul moyen de se les attacher. Jamais je ne m'écartai de ce principe, &

je ne savois que trop par moi-même, l'effet d'une telle conduite.

Outre les précautions nécessaires dont je viens de parler, un géreur doit être attentif à prévenir les maladies des negres. Il doit en connoître les causes, & y remédier avec le plus grand soin : cet article est essentiel. Le soin des captifs ne doit point être abandonné à des chirurgiens ignorans, ni à des êtres subalternes. Les chirurgiens, pour l'ordinaire, sont des jeunes gens, sans expérience. Il faut pour cet état, un homme instruit, & cet homme ne fera pas le voyage s'il n'est sûr d'une forte récompense. Des commettans doivent donc faire des sacrifices pour se procurer des gens instruits : ils sont bien légers en comparaison des pertes qu'ils peuvent leur épargner.

Il faut, pour prévenir les maladies, distinguer de quelle nation est un captif, & le mettre avec ses compatriotes. Les Banbaras sont les seuls qu'on ne peut point tenir aux fers, pourvu, toutefois, qu'on ne les y ait point tenus avec les Yolofs. Quant à ceux-ci, ils doivent être mis aux fers, gardés avec le plus grand soin & expédiés le plutôt possible ; car ils sont tous entreprenans, bons nageurs & connoissent presque tous les habitans de la colonie, soit libres, soit captifs de Tapades, qui leur facilitent tant qu'ils peuvent, les moyens de s'évader. Ils n'ont, pour obtenir leur liberté, que la riviere à passer. Il faut donc les veiller de près, & leur interdire toute communication avec les negres de la colonie. Les Banbaras au contraire, sortant du fond de l'Afrique, vers les sources du Niger, ne tentent point de s'échapper. Ils sont tous très-laborieux ; on peut sans crainte, au-lieu de les tenir aux fers, s'en servir pour les travaux. Il suffit, pour les y engager, de les traiter humainement, de bien les nourrir & les vêtir, alors, on en fait ce que l'on veut : de plus, ils entretiennent les Yolofs dans la crainte d'être mis aux fers, & s'opposent de toutes leurs forces aux séditions de cette nation, dont ils sont naturellement les ennemis. Lorsqu'ils sont sûrs de posséder la confiance des blancs, ils ne cherchent jamais à s'échapper, préférant d'être leurs esclaves; plutôt que ceux de quelque negre qui les traiteroit avec la plus grande cruauté.

Les Saracolets, Saltiguets, Poules, Bracs & Wals doivent aussi être mis aux fers; mais, non pas avec autant de rigueur que les Yolofs. Une paire de fers suffit pour deux captifs de cette nation; au-lieu que pour les Yolofs, il en faut une & même deux paires pour chaque captif. Il faut bien river leur goupille & la visiter chaque jour, soir & matin. Sur-tout, on ne doit les mettre que vingt ensemble tout au plus, si cela se peut.

La coutume des François est de ne point mettre les femmes aux fers, elles sont cependant plus dangereuses que les hommes. En suivant cette coutume, il est de la prudence de leur interdire toute communication avec les hommes. Il faut tenir la chambre qu'ils habitent, dans la plus grande propreté, ainsi qu'eux-mêmes, & les faire baigner souvent, pour éviter les maladies qui ne font que des ravages trop grands & trop fréquens dans les navires.

Les maladies auxquelles les negres sont sujets, sont de cinq sortes; savoir :

1°. Le mal vénérien.
2°. Les ulceres.
3°. Le scorbut.
4°. La galle.
5°. Les vers.

On peut les réduire à quatre, car les ulceres que les moindres blessures occasionnent, se guérissent si facilement, quand le sujet n'a point de virus, qu'on peut se dispenser d'en faire mention. Le scorbut est de toutes les maladies qui affectent les negres, la plus dangereuse. Elle fait le plus grand ravage, & dépeuple un navire en peu de jours. Cette maladie est causée par le mauvais air, le peu de soin que l'on a de maintenir la propreté, & quelquefois aussi par la mauvaise qualité des eaux. Les Banbaras sont de tous les negres, ceux qui y sont le plus exposés. Il faut donc avoir le plus grand soin de leur donner les nourritures les plus douces, sans avoir égard au goût qu'ils ont pour tout ce qui est salé. Car dans leurs pays, n'ayant point de sel, dès qu'ils en ont goûté dans leur captivité, ils en mettent dans tout ce qu'ils mangent. Il faut donc employer les plus grands soins, pour éviter cet inconvénient.

La galle a aussi son origine dans la mal-propreté des captifs que l'on tient des Maures. En route ces captifs couchent pêle-mêle avec leurs maîtres qui pour la plupart en sont couverts. A peine sont-ils au Sénégal, qu'ils donnent cette maladie à leurs compagnons d'infortune, quand on n'a pas le soin de les tenir à l'écart, jusqu'à ce qu'ils soient guéris. Il faut donc mettre, en un endroit séparé, les negres venant des

Maures, si on ne veut pas infecter toute une habitation.

Les vers sont presqu'aussi dangereux que le scorbut. Ils enlevent beaucoup de ces malheureux; à peine a-t-on le temps de s'appercevoir de la maladie, que celui qui en est attaqué, meurt. Les Banbaras sont encore ceux qui y sont le plus exposés, sur-tout pendant les mois de la mauvaise saison; car accoutumés à boire de bonne eau dans leur pays, ils ne peuvent supporter celle de la colonie, qui, dans ce temps, est marécageuse. On n'ose point saler trop leurs alimens de peur du scorbut, mais on peut éviter tous ces inconvéniens, en mettant dans leur boisson, par peinte d'eau, environ deux onces d'eau-de-vie.

Les maladies vénériennes sont au Sénégal moins dangereuses que dans nos climats. Peu de negres en sont exempts; c'est ce qui est cause que les ulceres sont plus difficiles à guérir & exigent une attention particuliere. Il est donc nécessaire, connoissant les maladies & leurs causes, d'avoir avec soi les remedes qui peuvent les guérir. Il faut de plus qu'un gérant ait quelque connoissance des drogues. Par ce moyen il a toujours des remedes prêts à être employés & de bonne qualité. La disette des gens instruits en ce genre fait qu'on ne peut y apporter trop d'attention. Pour guérir toutes ces maladies, chacun a des recettes particulieres; je n'indique pas ici les miennes quoique je les aie employées avec succès. Cependant je ne crois pas inutile de donner ici la note de ce qui doit principalement composer la petite pharmacie d'un gérant.

Sels.

de Glaubert,
d'Ipsum,
de Seignette,
Duobus,
Végétal,
Nitre,
Ammoniac.

Poudres.

de Quinquina,
Ipecacuana,
Rhubarbe,
Jalap,
Crême de Tartre,
Emétique.
Semen-contra,
Ellébore,
Euphorbe,
Agaric,
Zédoine,
Gentianne,
Saffran,
Senné.

Fleurs.

de Guimauve,
de Sureau,
de Pas-d'âne,
Bouillon-blanc,
Pieds-de-chat,
Violettes,
Camomille,
Orties blanches.

Racines.

de Guimauve,
Patience,
Fraisier,
Réglisse,
Chiendant,
Rhubarbe,
Angélique.

Herbes.

d'Absinthe,
Coraline de Corse,
Fumeterre & quelques herbes émollientes dont on manque à la colonie.

Onguens.

de la Mer,
Basilicum,
Huile de Laurier,
Extirasc,
Blanc rasis,
Cérat de Galien
Rosart,
d'Althea.

Pommade Citrinne.

Theriaque,
Catholicum,
Diascordium,
confec. d'Hyacinthe,
confection Hamec.

Emplâtres.

Divin,
Diachillon,
de Vigo,
de Ciguë,
Diapalme.

Baumes.

d'Arcens,
du Commandeur,
Tranquille,
Eau de Mélisse,
de Cologne,
Extrait de Saturne,
Essence de Thérébentine,
Esp. Coclaria,
Vin anti-scorbutique,
Eau vulnéraire,
Vinaigre des 4 Voleurs,
Alkali volatil,
Alun calciné,
Liqueur d'Offman,
Huile d'amandes douces.

En nature.

Orge,
Miel,
Manne,
Senné,
Rhubarbe,
Genievre,
Anis,
Coriandre,
Agaric,
Camphre,
Vitriol bleu,
Vitriol blanc,
Cornes de cerfs,
Il faut de plus un peu de pillules mercurielles & de sublimé corrosif.
Alun de roche.

DERNIER CHAPITRE.

Route du Sénégal à Galam par la riviere & lieues évaluées suivant les negres.

	Lieues.
De l'isle St. Louis du Sénégal à Podor, fort françois situé dans le pays des Poules, on compte commmunément	70

Dans toute l'étendue de la riviere jusqu'à ce fort, on fait toute l'année la traite des negres, du mil & autres menus objets. Chez les Yolofs, les Bracs & les Wals, peuples negres, & chez les Bracnarts & Trasarts, peuples maures, on fait aussi en mai la fameuse traite de la gomme, savoir : avec les Bracnarts dans le désert, & avec les Trasarts au Cocq, pointe de l'isle sur laquelle se trouve le fort de Podor : & à Portendic, le long de la côte où les Anglois peuvent traiter.

| De Podor à Doumons, l'on compte.................. | 15 |

Doumons est la premiere escale pour la traite du mil chez les Poules; on y traite aussi beaucoup de grains de melons d'eau, de peaux de tigres, des plumes de toutes especes, & du savon de negre. Ce village est situé sur la rive nord du fleuve.

| De Doumons à Mafou, lieu où cesse le flux & reflux de la mer, on traite en cet endroit les mêmes objets qu'à Doumons, mais en moindre quantité, on compte.. | 8 |

De Mafou à Haliburum, premier endroit où l'on commence à être embarrassé pour

la navigation en riviere, par les bancs de
fable, l'on compte 6

De Haliburum au fameux rocher de
Dguioul-de-Diabbé, on dit Gueule du diable, l'endroit le plus périlleux de toute la
riviere, l'on compte 30

De Dguioul-de-Diabbé, au grand canal. 4

Du grand canal à Saldé, rendez-vous
général de tous les bâtimens du convoi pour
le paiement des coutumes 16

Total de la route du Sénégal à Saldé... 149

Excepté Doumons, les villages des Poules sont tous sur la rive opposée au pays des Maures. Aucuns de ces villages ne sont situés sur les bords du fleuve, mais à une lieue, plus ou moins, dans l'intérieur des terres : les habitans se rendent sur les bords du fleuve, avertis par les coups de canons que l'on tire sur le fleuve, & viennent vendre leurs denrées au convoi.

L'on ne verra plus ici que les noms des principaux villages, sans établir leurs distances les uns des autres.

De *Saldé* à *Yafanne*, petit village fort agréable, résidence du premier ministre de l'*Almamy* des *Poules*.

D'*Yafanne* à *Bosseia*.
De *Bosseia* à *Rendiave*.
De *Rendiave* à *Matame*.
De *Matame* à *Canelle*.
De *Canelle* à *Validienta*.

Tous ces pays appartiennent à la nation Poule, & sont soumis à l'Almamy de cette nation. On y traite en abondance le mil, le morphil & le tabac, appellé improprement tabac de Galam, car il n'en croît point dans ce pays de *Validienta* à *Tuago*.

Validienta est la demeure d'un prince dont les ancêtres furent détrônés par les maraboux des Poules. Les peuples qui habitent ce village & les lieux voisins situés dans les terres, lui obéissent, sans cependant secouer le joug des Almamy des Poules; ils forment une province en quelque sorte indépendante. Cependant, de temps à autre, pour ne point être pillés, ils paient des tributs aux Poules.

Tuago est le chef-lieu de la résidence du grand Fouquet, l'un des quatre souverains de la nation Saracolet.

De *Tuago* à *Baquelle*.

Baquelle est un très-fort village, le plus considérable que j'aie vu dans tous ces cantons. Le seigneur du lieu est très-puissant & balance l'autorité du Fouquet.

De *Baquelle* à *Cotterat*;
De *Cotterat* à *Yafré*;
D'*Yafré* à *Galam*.

L'on compte ordinairement vingt jours de marche de Saldé à Galam, lesquels, à huit lieues au moins chacun, forment 160 lieues.

Du Sénégal à Saldé 149

Total du Sénégal à Galam . . . 309

Validienta est le premier endroit où l'on commence à traiter des captifs en abondance. Yafré est une des principales escales pour cette traite; & dans tous les autres villages des Saracolets, on y traite captifs, or & morphil en abondance. C'est aussi dans ces lieux que les laptots sénégalois se procurent les denrées nécessaires pour leurs ménages. Tout le pays des Saracolets est découvert. Les villages sont bien bâtis, les campagnes bien cultivées & les habitans bien vêtus; en quoi ils different essentiellement des Poules, leurs voisins, qui manquent de tout, & dont le pays est très-mal-sain par leur faute; car en ne coupant jamais de bois & ne donnant point d'écoulement à leurs eaux, ainsi que le font les Saracolets, l'air qu'ils respirent est empesté, & leur cause presque toutes leurs maladies.

Galam n'est point le lieu principal pour la traite; c'est plutôt le lieu d'assemblée des capitaines sénégalois & des maraboux du pays. Le prix des captifs convenu, on se rend à Tamboucannée, gros village du même pays, situé à seize lieues au-dessus de Galam; ce qui fait que du Sénégal, jusqu'au lieu où se rendent les caravanes qui amenent les esclaves, l'on peut compter sans craindre aucune erreur trois cents vingt-cinq lieues.

Depuis Podor, jusqu'à Galam, les peuples sont tous mahométans & ne boivent presque point d'eau-de-vie. Quand on a passé Galam, cette liqueur se vend avec avantage; & les peuples, qui sont presque tous payens en boivent avec excès. Les negres depuis Podor jusqu'au Sénégal, quoique Mahométans, sont aussi passionnés pour l'eau-de-vie, & la boivent sans scrupule:

il n'y a que les maraboux qui s'en abstiennent.

Un plus long séjour, dans la colonie, m'auroit instruit plus à fond de tous les moyens qu'on doit employer pour y réussir : cependant je crois avoir indiqué dans cet ouvrage ce qui est le plus généralement nécessaire.

F I N.

www.ingramcontent.com/pod-product-compliance
Lightning Source LLC
Chambersburg PA
CBHW070523170426
43200CB00011B/2304